숨 쉬는 학교

숨쉬는 학교

다시 빛날 우리 교육

유은혜 지음

글항아리

추천사

단단하면 거칠고, 따뜻하면 나약하다는 통념을 가뿐히 뛰어넘는 '단단한 따스함'이다. 다정한 힘으로 살아온 저자의 삶의 이력과 교육 진정성이 고스란히 담겼다.
진단은 나름 날카롭지만 처방은 뻔한, 전문가와 정치인 들이 흔히 쓰는 문법을 좇지 않는다. 정보보다 중요한, 교육과 세계를 바라보는 시선을 말한다. 예상되는 저항이나 갈등을 피하지 않고 정면으로 마주하면서 길을 찾는다. 특히 AI 시대, 디지털과 병행하는 교육 문해력에 대한 식견은 현장에 대한 폭넓은 이해와 교육행정 전문성이 없다면 불가능한 접근이다.
교육행정 전문가가 쓴 울림이 큰 책이다. 난해하게 얽힌 교육 문제의 해법을 고민하거나 그 미로에서 빠져나올 방법을 모색한다면 더더욱 놓치면 아까운 책이다.

김상곤 전 부총리 겸 교육부 장관, 초대 주민 직선 경기도 교육감

이 책은 10여 년 전 마이클 애플이 던진 "교육은 사회를 바꿀 수 있을까?"라는 질문에 대한 당대적 응답이다. 아울러 팬데믹, 인공지능, 기후위기라는 대전환의 파고 속에 우리 교육이 어디에 닻을 내

려야 하는지에 대한 명쾌한 해답이기도 하다. 냉철한 현실 분석마저 도 따뜻함이 느껴지는 유은혜 전 부총리의 언어에는 분열의 시대에 우리가 품어야 할 진정한 가치에 대한 깊은 성찰이 담겨 있다. 교사와 학부모는 물론 존중과 협력 그리고 교육의 힘을 믿는 모든 이들과 함께 나누고 싶다.

이재정 전 경기도 교육감

아이들의 존재보다 오직 시험 성적만을 향해 전력 질주하는 우리 교실에서 교육 수장의 현장 경험과 일선 교사들의 외침을 묶은 유은혜의 주장들. 아이들의 업적을 대변하는 성적표 속에 아이들의 한숨은 감춰지는 것이 현실이다. 이를 이해하고 용감하게 교실로 뛰어든 현장의 해법들은 추상적 교육 해법을 뚫고 나와 구체적 인간성 회복의 교육으로 맞닿아 있다. 귀 기울임, 존중, 성장 그리고 약속이 따뜻하게 병행하는 길에 함께 나서보길 권한다.

박용만 전 대한상공회의소 회장, 전 두산그룹 회장

유은혜 의원이 교육 관련 책을 쓰셨다. 그를 특별히 의원이라고 부르는 이유는 그가 의원 시절에 보여주었던 일들에 대한 기억 때문이다. 그는 들뜨기 쉬운 정치 현장에서도 언제나 '차분한 실무형 정치인'으로서 교육·복지 분야에서 꼼꼼한 현장 소통과 부드러운 조율 능력을 여지없이 보여주었다. 그랬던 그가 교육부 장관으로서 경험을 바탕으로 본심을 풀어놓았다.
따스함 = 귀 기울임×존중×자람×약속이라는 공식

교육에는 따스함조차 세밀한 주의와 노력이 필요한 것을 그는 안다. 귀를 기울여 아이들과 교사 그리고 학부모를 존중하고 서로 자라나 인격과 역량을 배양하자는 약속. 이 또한 얼마나 유은혜다운 것일까. 유 전 장관의 따뜻한 세계관이 이 냉정한 세상에 온기를 불어넣기를 바란다.

이한주 경제·인문사회연구회 이사장

세계는 지금 급격하게 AI 시대로 진입하고, 전 지구적 기후위기가 심각해지고 있다. 이제까지 겪어보지 못한 전대미문의 상황이다. 어른도 잘 대처하지 못하는데, 미래 세대인 아이들에게 어떤 가르침과 학습을 공유할 것인가.

이에 대한 해답으로 저자는 8년 동안 국회의원으로 교육 문제에 전념하고 팬데믹 시기에 부총리 겸 교육부 장관으로 재임했던 경험에서 "따스함의 철학"을 길어낸다. "따스함의 철학"은 "귀 기울임"에서 시작하여 "존중·자람·약속"으로 연결되고 확장되며 순환하는 교육 설계도를 구축한다.

학생과 교사, 학부모가, 정책입안자와 사회 구성원 모두가 이 연결에 참여하면, 교실에서 시작한 따스함이 공동체와 배움, 제도와 지구적 책임으로 번져가는 길을 만들게 된다. 저자의 따스함으로 설계된 이 연결과 확장, 순환과 통합의 교육과정 속에서 새로이 주체적으로 성장하여 모든 이와 함께 모든 것을 창의적으로 해결해가는 미래 세대를 그려본다.

강금실 전 법무부 장관

교육의 길을 오랜 세월 걸어오며 한 가지 진실과 마주했다. 교육은 결코 거창한 구호나 굳건한 제도의 언어로만 살아 움직이는 것이 아니라는 것을. 사람의 따뜻한 온기, 생생한 현장의 숨결, 서로에게 귀 기울이고 손 내미는 정성 속에서 비로소 교육은 온전히 살아난다. 이 책에서 제시한 '따스함= 귀 기울임×존중×자람×약속'이라는 곱셈 공식에 깊이 공감하는 이유이다. 그것은 단순한 교육철학의 표어를 넘어, 다시금 회복해야 할 민주주의적 교육의 일상적인 감수성에 대한 선언과도 같다.

코로나19가 전 지구를 뒤덮던 때, 그는 교육부 수장으로서 위기를 헤쳐나가기 위해 온 마음을 다한 노력을 기울였다. 학교의 문은 굳게 닫혔으나, 돌봄의 불씨는 결코 꺼져서는 안 되었고, 물리적 거리는 멀어졌으나 마음의 거리는 오히려 더 가까이 다가가야만 했다. 저자는 교육 행정의 최전선에서 '사람과 관계'라는 교육의 근원적 토대를 지키기 위해 치열하게 씨름했다. 이 기록은 단순한 행정 보고를 넘어, 위기의 시대에 교육이 공동체의 굳건한 신뢰와 연대 속에서 어떻게 지탱되었는지를 생생하게 증언한다.

특히 이 책에서 강조하는 "문해력"의 문제, 즉 "읽기-쓰기-응답"이라는 인간적 배움의 원리에 주목한다. AI 시대에 우리에게 진정 필요한 것은 더 많은 정보가 아닌 더 깊은 통찰이며, 더 빠른 정답이 아닌 더 넓은 세상을 아우르는 감수성이다. 손으로 직접 쓰고, 오롯이 천천히 읽으며, 서로의 생각에 마음을 다해 응답하는 일. 이 고전적이지만 더없이 인간적인 행위들은 교육을 기능이 아닌, 삶의 총체적인 문제로 확장시키는 귀한 가치를 지닌다. 그것은 배움이 타자를 향한 깊은 존중의 몸짓임을 새삼스레 일깨워준다.

또한 이 책은 교육을 '교실'이라는 한정된 공간에 가두지 않고, 공동체와 지역, 나아가 지구의 시간과 맞물려 사유하려는 확장된 시선을 선보인다. 수도권 과밀과 지역 소멸의 위기, 세대와 정체성의 갈등, 교육 불평등과 기후위기까지, 교육을 둘러싼 복합적인 구조적 문제들은 결코 단 하나의 해법으로 풀릴 수 없다. 이 책은 그 복잡한 문제들을 외면하지 않는다. 오히려 교육을 사회적 연대의 굳건한 주춧돌로 다시 세워야 한다는 신념으로, 깊이 성찰하고 더욱 촘촘하게 고민한다. 그 성찰의 지층을 따라 함께 사유의 길을 걷도록 기꺼이 우리를 초대한다. 함께 그 초대에 응해보자.

조희연 전 서울시 교육감

소설 『범도』를 준비하고 쓴 13년 동안, 취재하러 다녔던 만주와 연해주 어디에나 학교가 있었고, 학교와 관련되지 않은 독립투사는 아무도 없었다. 학교 문턱에도 가보지 못했던 홍범도 장군도 한때 밀산에 세운 학교의 교장으로 아픈 아이들을 업어서 등교시켰다.
오늘의 대한민국은 그 혹독한 망명지에서도 꺼뜨리지 않았던 교육의 불씨로 일으켜 세운 나라다. '길 위의 항일무장투쟁역사학교' 범도 루트를 이어가면서 내가 배운 것은 하나였다. 역사는 과거의 사실을 기억하는 것이 아니라 오늘의 사람을 어떻게 키워갈 것인가의 문제다.
이 책은 그 질문에 대한, 드문 '정공正攻'의 답이다. 위기의 교육 생태계를 복원하고 따스한 길을 열어가려는 유은혜 장관의 대안을 나는 신뢰하고 기대한다. 민주화운동의 거목이었던 김근태 선생 곁에서 일할 때부터 지켜보았다. 권력보다 사람을 먼저 살피며 살아온 유은혜라는 사람보다 교육에 더 진심인 적임자가 있을까. 이 책은 교실 안의 따스함을 지키는 온도조절기일 뿐만 아니라, 우리 사회가 나가야 할 방향을 제시하는 나침반이다. 대한민국 교육 전체를 아우르는 시야와 경험, 무엇보다 교육에 진심인 사람만이 보여줄 수 있는 세계관과 통찰력이 놀랍다. 따스함은 저절로 오지 않는다. 따스함을 설계해야 한다. 그리고 그 설계자는 스스로 따뜻한 사람이어야 한다.

방현석 소설가, 중앙대 교수, 항일무장투쟁역사학교 교장

특수교육 현장에서 자녀의 암울한 미래 걱정에 끝없이 흐르던 학부모의 눈물이 그치기를 바라는 마음으로 단숨에 읽었다. 교육 현장의 변화와 혁신을 향한 잘 발효된 생각들이 곳곳에서 느껴졌다. 훌륭한 정원사는 나무를 키울 때 약한 나무를 더 소중히 돌보는 사람이다. 저자는 장애인 등 특별한 도움을 필요로 하는 이들을 향한 고민과 실천 가능한 한 대안들을 애정의 시선으로 깊이 살핀다. 나아가 장애와 비장애를 잇는 상생의 길을 교육 정의로 규정하며, 다름을 포용하는 통합의 교육 정책을 주문한다. 숨 쉬며 살아있는 학교, 함께 성장하는 학교의 꿈은 이제 내 몫이기도 하다는 것을, 책을 통해서 다시 깨닫는다.

김은영 전 특수교사, 양평캠프힐마을 주민

차례

따스함= 귀 기울임×존중×자람×약속

숨 쉬는 학교는 관계와 학습의 힘이 생생하게 살아 있는 곳이고 그 숨은 따스해야 한다. 따스함은 저절로 오지 않는다. 먼저 아이에게 귀 기울여 느린 읽기와 손글씨의 시간을 건네고(①), 서로를 존중해 다른 세대와 지역의 삶을 품도록 해야 한다(②③). 이 토대 위에서 너와 내가, 그리고 세상과 이야기를 나누며 평생동안 배움이 자라는 길을 AI와 함께 묻고 연다(④⑤⑥). 사회는 약속을 지킨다. 교사와 함께 차별을 넘어 학교 공간을 지키고 지구를 책임지는 제도를 세운다(⑦⑧⑨⑩). 네 축 중 하나라도 무너지면 따스함은 완성되지 않는다. 그래서 따스함=귀 기울임×존중×자람×약속이다. 결국, 학교가 숨을 쉰다는 것은 교육의 온도를 결정하는 '따스함의 총합'이 한 아이의 하루의 삶과 배움 전체에 고르게 작동하는 상태를 의미한다.

프롤로그

교육은 따스함이다

우리는 거대한 전환의 파도를 넘고 있다. 코로나19가 남긴 학습과 관계의 균열, 인공지능이 바꾼 지식의 지형, 교실 안의 언어와 습관을 마구 흔드는 교실 밖의 인구 구조와 재정과 기후위기. 그 한가운데서 내가 다시 붙든 문장은 간단하다. 교육은 따스함이다. 이 따스함으로 학교를 숨 쉬게 해야 한다. 이 말은 감상이 아니라 설계에 가깝다. 나는 따스함을 귀 기울임×존중×자람×약속의 곱셈으로 이해한다. 네 축 중 하나라도 '0'이 되는 순간, 전체가 '0'이 된다. 교육의 온도를 결정하는 이 곱셈은 한 아이의 하루에서부터 지역과 제도, 지구적 책임에 이르기까지 동일하게 작동한다.

교육부 장관으로 일하던 시절, 이 곱셈의 의미를 수없이 체감했다. 온라인 개학을 결단하고(귀 기울임), 전국 수능을 방역 체계 안에서 치르며(약속), 학습 결손을 메우는 '교육회복' 대책을 수립하기 위하여(자람), 서로의 상황과 언어를 끊임없이 조율(존중)하는 과정에서, 네 축이 동시에 살아 움직여야만 교육이 버틸 수 있음을 배웠다. 따스함은 '좋은 마음'만으로 생기지 않았다. 아이들의 표정과 교사의 노동, 가정 환경과 지역의 인프라, 예산의 제도와 시스템까지 함께 바꾸어야 얻어지는 결과였다. '숨 쉬는 학교'는 학생의 삶과 배움에 영향을 미치는 온갖 형태의 격차와 차별, 지역의 고립과 공간의 획일, 기후위기 등을 넘어서는 살아 있는 학습 공동체를 위한 사회적 약속과 그 실행에 기반해야 한다.

이 책은 그 배움을 따라 교실에서 시작하여 공동체를 지나 배움의 방식을 바꾸고, 제도와 지구적 책무로 확장하는 여정을 따라간다. '클릭과 터치의 역습'에서 출발하여 세대·정체성의 문제와 지역 소멸·수도권 과밀을 통과하고, AI와의 동행과 스토리텔링으로 배움의 방법을 재구성한 뒤, '공부가 필요한 쪽은 어른'으로 평생학습을 호출한다. 이어 차별을 넘어서 교사의 일과 권리, 학교 공간, 섭씨 1.5도 라이프스타일로 제도와 지구의 약속을 정리한다. 교실의 하루에서 출발하여 사회적 관계와 학습의 도구, 제도와 미래 세대의 삶으로 시야를 넓히는 흐름이다.

나는 여정의 첫머리를 '귀 기울임'을 회복하는 일로 시작한다. 코로나19는 아이들을 단편적 정보와 수동적 알림의 상황 속에 머물게 했다. 읽기·쓰기의 시간표를 다시 설계하지 않으면 집중과 공감은 회복되지 않는다. 손으로 쓰고, 천천히 읽고, 서로의 말을 끝까지 듣도록 교실의 리듬을 바꾸는 실천은 아날로그의 회귀가 아니다. 아이 한 명 한 명의 신호에 응답하기 위한 최소한의 배려다. 그것이 따스함의 첫 축이다.

다음 장들에서 이어지는 '존중'은 선언이 아니라 구조에 주목한다. 세대와 정체성이 격돌하는 교실과 거리에서 존엄의 언어와 다문화·다세대 리더십을 배우지 못하면, 나와 너의 이야기를 나누지 못하면 화살은 타인을 겨누게 된다. 수도권 과밀과 지역 소멸을 다루며 우리는 '터전에 뿌리내릴 권리'가 교육의 언어로 어떻게 번역되어야 하는지 묻는다. 존중은 한 사람의 정체성을 수용하는 감정이면서 동시에 지역과 제도에 새겨지는 권리다.

'자람'은 기술의 속도보다 질문의 품격을 앞세우는 일로 정의한다. AI가 10초 만에 답을 주는 시대에, 우리는 무엇을 묻고 어떻게 확인하며 어디서 의심을 배울 것인가를 묻는다. 서사와 프레임의 시대에 정보를 읽고 관점의 사다리를 오르는 훈련, 전환기 성인·대학 교육의 재정렬이 한 몸으로 엮여야 한다. 장관으로서 고교학점제와 대학의 역할 재정렬을 추진하며 확인한 것은, 자람이란 결국 평생 배우는 사회적 약속 위에서만 가능하다는 사실이었다.

마지막으로 '약속'은 앞선 세 축을 지켜주는 주춧돌이다. 차이를 차별로 만드는 벽을 허물지 못하면 존중은 의례의 단어로 머문다. 교사가 교육활동의 권리를 회복하지 못하면(노동과 교권의 제도화), 교실의 따스함은 현장 밖에서 소진된다. 감옥을 닮은 교실 구조를 바꿔 사고의 집을 짓지 못하면, 귀 기울임은 공간에서 이미 좌절된다. 그리고 섭씨 1.5도 라이프스타일은 미래 세대에게 남기는 말이 아니라 지금 세대의 생활 문법이 되어야 한다. 이 약속이 약하면 다른 축도 건재하기 어렵다.

독자는 이 배열에서 '약속'의 비중이 커 보인다고 느낄지 모른다. 그러나 이 책의 무게중심은 한 축을 돋보이게 하기보다 네 축이 동시에 작동하는 장면을 복원하는 데 있다.

장애와 비장애를 잇는 장은 존중의 언어 없이 구축될 수 없고, 교사의 권리를 다루는 장은 교사에게 아이들의 언어에 귀 기울이는 시간을 돌려주는 이야기이다. 공간을 다루는 장은 몰입을 가능케 하는 장치이며, 기후의 장은 자람의 내용이자 다음 세대에 대한 약속이다. 약속은 다른 세 축을 '지속 가능'하게 만드는 받침대일 뿐, 주제의 중심을 독점하지 않는다.

장관의 자리에서 더 깊이 배운 것은, 따스함의 곱셈이 늘 관계의 재정립으로 귀결된다는 사실이었다. 온라인 개학과 수능 방역, 교육 회복, 공간 혁신, 지역혁신플랫폼RIS 같은 일련의 과제들, 현장의 수용성과 투명한 절차, 합리적 속도,

교육 주체들이 서로에게 건네는 언어의 품격과 맞물릴 때에만 성과를 냈다. 제도의 선언으로 움직이지 않았다. 사람과 사람 사이에 놓이는 설계가 바뀔 때 비로소 움직였다.

이 책을 읽는 동안 한 가지를 함께 떠올려주었으면 한다. 과연 무엇이 오늘의 수업과 방과 후 활동, 저녁의 대화를 달라지게 만드는지 상상해보는 일이다. 'AI' '예산'처럼 거대하게 들리는 주제도 결국 누가 누구와 언제 어떻게 만나도록 의도할 것인가라는 질문으로 환원될 수 있다. 그리고 마음속으로 조용히 점검해봤으면 좋겠다. 오늘 나는 누구에게 더 귀 기울였는가, 어떤 존중의 말을 건넸는가, 무엇을 새로 배우고 가르치는 방식을 조금 바꾸었는가, 어떤 약속을 구체화했는가. 이 작은 것들이 모여 곱셈의 결괏값을 바꾼다.

이 책은 특정 기술이나 제도를 옹호하려는 보고서가 아니다. 코로나19와 AI, 지역과 대학, 교사의 노동과 권리, 학교 공간, 섭씨 1.5도의 삶까지 서로 다른 주제들이 서로의 조건이 되는 현장을 기록한 청사진에 가깝다. 나는 장관으로서의 시간에 대한 성찰을 바탕으로, 선언 대신 설계를, 단발의 조치 대신 연결을, 경쟁의 언어 대신 존엄의 언어를 선택하려 했다. 그 선택이 이 책이 말하는 따스함의 방식이며, 우리가 함께 도울 수 있는 유일한 방법이라고 믿는다. 교실에서 시작한 따스함이 공동체와 배움, 제도와 지구적 책임으로 번져가는 아름다운 길을 상상하며 글의 여정에 동행해주실 것을 부탁드린다.

아울러 부록에는 '경제 교육'을 주제로 나눈 전문가 대담을 실었다. 따스함의 곱셈이 노동·소득·소비를 설계하는 자리에서는 어떻게 작동할 수 있는지를 함께 모색하고자 한다. 이 대담이 독자에게 경제적 삶과 교육의 연결 고리를 다시 생각해보는 계기가 되었으면 한다.

많은 분의 진심 어린 조언과 격려 그리고 기대에 이 책이 세상에 나온다.

독일 교육× 전반을 살펴볼 수 있도록 기관과 사람을 연결해주고 취재에 도움을 준 2023년 베를린에서의 남상화와 문기덕, 베를린 자유대학에서 만나 추운 겨울밤을 지새며 생각을 나누고 글쓰기에 대한 용기를 준 정수경, 2024년 한국에 돌아왔을 때, 책에 대한 넘치는 아이디어로 길을 열어 준 유민영, 경제와 교육에 대한 해박한 식견으로 세심한 조언과 인터뷰를 해 준 김원장 기자, 교육 현장 경험을 구체적으로 공유해주신 여러 현직 선생님, 정성껏 책을 만들어주신 글항아리 강성민 대표님과 편집팀 분들. 한 분 한 분께 마음

× 이 책 곳곳에 독일의 사례가 등장한다. 베를린에서 확인한 '사람→제도→행복'의 순환 구조가 한국 교육을 비춰 보는 비교 렌즈로 유효한 부분이 있다고 생각했기 때문이다. 독일이 품고 있는 맥락을 본문에서 함께 드러낼 것이며, 모든 사례는 한국 현실을 재설계하기 위한 참조 좌표로만 사용됨을 밝혀둔다.

을 담아 감사드린다.

마지막으로, 언제나 무한 신뢰로 힘을 북돋아 주는 딸과 아들, 가족들에게도 사랑의 마음을 이 책에 얹는다.

2026년 1월

유은혜

1부

귀 기울임

"타인의 텍스트를 이해한다는 것은 그 사람을 믿고 응답하는 일이며,
문해의 균열은 곧 신뢰의 균열이다."

1. '클릭'과 '터치'의 역습
: 온라인 개학의 양날과 '쓰기'로 되찾는 문해력

학교가 숨을 쉬어야 한다. 따스한 숨결을 불어넣어 교육을 살려야 한다. 그 믿음으로 우리는 코로나19 위기 속에서도 서로를 붙들었다. 새벽 6시, 발열 측정을 위해 수능장 문이 열리고 마스크를 쓴 54만여 명이 칸막이 사이로 들어섰다. 교실 밖에서는 부처·지자체·민간·교사가 함께 했다. 통계청 태블릿 3만 대 지원, 무상 기술 지원, 교사 1만 명 커뮤니티. 각 가정으로 향한 친환경 농산물 꾸러미를 통해 학교 문은 닫혔지만 교육은 멈추지 않는다는 연대와 협력의 힘을 분명히 보았고, 그 경험은 신뢰를 키웠다.

그러나 그 연대의 가치는 교실의 '학습' 장면으로 충분히 전이되지는 못했다. 전면 원격수업은 협업 학습과 개별 피드백을 제약했고, 출결 이탈과 생활 리듬의 붕괴 속에서 환경 격차가 노출되었다. 점검 결과 중위권이 얇아지고 양극화가 심화되는 신호가 이어졌다. '그늘'은 바로 여기서 드러났다.

이 글은 그 그늘을 문해력의 약화로 규정한다. 타인의 텍스트를 이해한다는 것은 그 사람을 믿고 응답하는 일이며, 문해의 균열은 곧 신뢰의 균열이다. 디지털 과잉의 클릭과 터치가 '쓰는 행위'를 밀어낼수록 우리는 서로를 납작하게 읽는다. 해법은 따뜻하고 구체적이어야 한다. 교실 안에서는 읽기-손글씨 요약-서술-상호 응답으로 서로의 '귀 기울임'을 훈련하고,

학교와 제도는 시간표·평가·예산·공간으로 그 '귀 기울임'을 설계한다. 손으로 쓰며 읽고, 요약하고, 서술하고, 서로의 글에 응답하는 '쓰기' 중심의 교육 회복은 기억·사고·이해를 동시에 작동시키며, 연대의 경험을 신뢰의 기술로 번역한다. 이 글은 디지털과 병행 가능한 실행 틀을 통해, 전면 원격수업의 그늘을 넘어 문해력과 신뢰사회를 함께 되찾자는 제안을 담았다.

연대의 기술: 행정과 현장의 협력으로 학교를 지키다

2020년 1월 20일, 코로나19 국내 첫 확진 소식이 전해지자 학교의 시간을 지키기 위한 논의가 곧장 시작됐다. 대구광역시와 청도군을 중심으로 확진이 기하급수적으로 늘며 유치원부터 초·중·고 개학까지 모든 일정이 흔들렸고, 개원 기준과 휴원 기간을 묻는 문의가 폭주했다. 일부 대학가에 '중국 유학생 출입 금지' 안내문이 붙었고, 청와대 국민청원 게시판엔 중국인 입국 반대가 급증했다. 교육은 멈출 수 없다는 전제를 놓치지 않으면서도, 감염 확산을 막기 위한 시간 벌기가 필요했다.

방역 전문가를 정부 청사로 긴급 초빙하여 자문했다. 소아·청소년의 중증 위험은 상대적으로 낮지만, 교실에서 감염이 발생하면 가정으로 전파되어 고령층을 위협할 수 있다는 점이 핵심 쟁점이었다. 결론은 개학 유보였다. 3월 한 달 동안 세 차례 개학 연기를 결정하고, 그사이 현장을 지키는 장치들을 세워 나갔다.

무엇보다 돌봄을 멈추지 않는 것이 우선이었다. 맞벌이 가정 등 돌봄이 필요한 아이들을 위해 한 학급 6명 내외로 운영하고, 마스크 착용·손 씻기·환기 등 방역 준칙을 철저히 적용했다. 급식 공백을 막기 위해 도시락과 인근 식당 연계 등 각 학교가 가능한 한 해법을 신속히 마련했다. 혼란 속에서도 아이들의 안전과 일상을 유지하기 위해 모든 교직원이 각자의 자리에서 대응했고, 학교는 닫혔지만 돌봄의 등대는 꺼지지 않았다.

국내 대학에 재학 중인 중국인 유학생 문제에 대해서도 원칙을 분명히 했다. 두 차례 검사, 별도 공항 게이트, 지자체 차량 이동, 14일 격리와 해제 전 추가 검사까지 정교한 절차를 적용했다. 대학·지자체의 협력이 맞물리며 감염 우려와 교육 공백을 함께 최소화했다. 이는 위기에서 공동체가 누구도 배제하지 않는 방식으로 안전을 확보할 수 있음을 보여준 사례였다.

개학 연기 기간에도 학습을 놓지 않았다. EBS 활용과 과제 부여, 초등 저학년의 놀이·만들기 과제, 고학년의 교재·교구 배부(시간 예약 후 수령) 등 학교별 대책으로 공백을 메웠다. 그러나 개학 연기만으로는 충분하지 않았다. 학교에 못 간다고 교육을 멈출 수는 없다. 입시를 앞둔 중3과 고3부터 전면 원격수업을 가동하기로 결정했다. 반대와 우려가 존재했지만, 언제 끝날지 모르는 감염병이 끝나기만 무작정 기다리며 교실을 비워둘 수는 없었다.

연대의 기술은 온라인으로 교육을 옮기면서 본격화됐다. 2024년까지 구축 예정이던 무선망 계획을 앞당기고, 중고교는 EBS, 초등은 한국교육학술정보원KERIS의 '온라인 학습터'로 출결과 화상수업 체계를 세웠다. 통계청은 인구총조사 태블릿 3만 대를 지원하고, LG CNS는 전문 기술 인력을 투입했다. 과학기술정보통신부는 동시 접속·보안 문제를 잡았고, 중앙대책본부는 부처·광역 단체와 정보를 실시간으로 공유했다. 그렇게 전국 540만 명의 학생이 접속하는 체계가 돌아갔다. 현장에서는 학교별 원격교육 대표 교사 1만 명이 참여한 커뮤니티가 애로 사항을 즉시 공유·해결하며 운영안을 정교화했다. 접속과 운영의 안정성은 부처–지자체–공공–민간–학교가 경계를 넘은 결과였다.

적응기를 거치며 시스템은 안정화되었다. 처음에 '불가'라던 현장의 목소리도, 교사들이 직접 콘텐츠를 만들고 도구를 익히며 변화했다. IT에 익숙하지 않은 일부 고경력 교사들은 젊은 교사에게 기꺼이 도움을 청했고, 과목별 협의회가 활성화되어 자료·운영 노하우가 축적되어 갔다. 현장의 헌신이 연대의 회로를 촘촘히 메웠다.

학교 급식이 멈추며 발생한 공공 급식의 단절도 협력으로 메웠다. 한 달 급식 물량 1만4000톤 중 친환경 농산물 203톤이 갈 곳을 잃자, 정부는 가정으로 꾸러미를 보내는 방안을 택했다. 쌀 5킬로그램과 신선 식품을 묶어 각 가정에 전달하면서 학부모들은 경제적 부담을 덜었으며 급식 공급업체도 한숨 돌렸다. "봄에 받는 크리스마스 선물"이라는 피드백이 말하듯, 식탁 위의 신뢰가 학교 밖에서 회복되었다.

정점은 수능이었다. 거리두기와 마스크 착용 의무 속 54만여 명이 참여하는 국가시험을 위해 모든 경우의 수를 고려했다. 확진 수험생은 병원·생활치료센터 시험장, 자가격리자는 전국 759개 별도 시험장, 당일 발열자는 즉시 분리 시험실로 이동했다. 감독 인력은 두 배로 늘리고, 교실마다 칸막이를 설치했으며, 시험지 전달 동선까지 점검했다. 새벽 6시 발열 체크로 문을 연 그날, 160여 명의 증상자가 별도 시험실로 이동해 안전하게 응시했고, 시험 종료 후에는 지리정보시스템GIS과 자가격리 앱으로 귀가까지 끝까지 확인했다. 위기 한복판에서도 국가시험을 치를 수 있는 신뢰가 입증된 장면이었다.

코로나 기간, 우리는 학교를 멈추지 않기 위한 사회적 연대를 학습·돌봄·급식·평가 전 영역에서 구현했다. 그 과정에서 형성된 신뢰 자본은 이후의 과제를 가능하게 만드는 토대가 되었다. 그러나 축적된 연대의 가치가 교실 안 '학습'의 질로는 충분히 전이되지 못했다. 왜 그랬을까?

전이의 좌초와 그늘의 실체
: 데이터로 본 학습 메커니즘의 붕괴

연대는 국가적 접속 안정화를 이뤄냈다. 그러나 교실에서의 학습은 공동 주의 – 상호작용 – 미세 관찰 – 개별 피드백의 정교한 결합을 필요로 한다. 원격체제에서는 이 요건들이 구조적으로 취약해졌고, 그 결과가 성적 분포 변화와 기초 문해 손상이 측정 가능한 '그늘'로 확인되었다. 메커니즘(전이 실패)과 지표(그늘의 실체)는 마음을 무겁게 했다.

우선 연대의 가치가 교실 '학습'으로 충분히 옮겨오지 못한 이유가 있다. 연대는 접속을 가능하게 했지만, 접속이 곧 학습은 아니었다. 전면 원격수업이 가동되고 운영 안정성이 확보되었어도, 교실의 학습에는 공동 주의·상호작용·미세 관찰이 필요하다. 이 요소들이 원격수업으로 인해 취약해졌다.

첫째, 상호작용과 관찰의 제약이다. 모둠·협업 학습은 사실상 작동이 어려웠고, 교사는 화면 너머에서 학생의 표정·행동을 근거로 한 즉각적인 피드백을 제공하기 어려웠다. 교실에서 가능하던 미세한 조정이 줄어들며 뒤처지는 학생에 대한 초기 개입이 지연되었다.

둘째, 피드백의 얕아짐이다. 과제·간이평가 중심으로 수업이 평면화되면서 서술·응답형 활동이 축소되었다. 피드백의 깊이가 얕을수록 학생의 쓰기는 사고를 조직하는 과정에서 멀어진다.

셋째, 생활 리듬과 출결의 불안정이다. 학교 학습이 가정으로 옮겨가며 출결 이탈·중도 이탈이 잦아졌고, 늦잠과 불규칙 생활이 학습 몰입을 끊었다. 같은 등교 중단 조건에서도 가정 지원·공간·기기 보유 차이에 따라 학습 지속성의 격차가 커졌다.

넷째, 환경 격차의 노출이다. 개인 방·기기·부모 지원이 가능한 집과 그렇지 않은 집은 수업 참여와 과제 질에서 즉각적으로 갈렸다. 일부는 사교육과 선행으로 진도를 앞섰지만, 대다수는 학습 진입 자체가 어려운 환경에 놓였다. 온라인 전환은 기존 격차를 숨기지 않고 드러냈다.

다섯째, 주의 분산의 가속이다. 코로나19 이전부터 누적된 디지털 과소비가 원격수업 체제에서 강화되었다. 쇼트폼(쇼츠·릴스)·1.5배속 시청 등 단문·고자극 소비는 긴 텍스트의 맥락을 따라가며 응답하는 사고의 흐름을 얕게 만들었다. 알림은 몰입을 반복적으로 끊었다.

전이의 실패는 이렇게 조건의 붕괴로 설명된다. 그리고 이는 측정 가능한 결과로 드러났다. 분포의 변화, 기초 문해 손상 징후, 현장 지표가 그 증거였다. 분포 변화(중위층의 얇아짐·양극화)으로 원격수업 전면화 이후 한 실태 조사에서 조사 대상 중학교의 75.9퍼센트(646교), 고등학교 66.1퍼센트(270교)가 수학 '중위권' 감소를 보고했다. 서울 382개 중학교 분석에서도 국·영·수 전반에 중위권 축소와 하위권 확대가 확인되었고, 2020년 하반기 이후 모의고사에서도 같은 방향의 변화가 관찰되었다. 수학에서는 비교적 쉬운 문항조차 해결하지 못하는 학생 증가가 지적되었다. 이는 단순 점수 문제가 아니라 문해(타인의 텍스트에 응답하는 힘)와 집중(주의의 지속)의 약화가 중위층을 양극으로 벌려놓은 현상임을 시사했다.

기초 문해의 손상(초1~2 취약)으로는 초등 1~2학년은 국어 최소 차시 확보 등으로 읽기·쓰기의 토대와 생활 습관을 형성해야 하나, 장기간 부분 등교와 원격으로 학습하면서 기초 문해 학습의 기회가 축소되었다. 일부 지역은 가정 방문 문해력 캠프 등 응급 보완을 실시했다.

참여·산출의 저하(현장 관찰)로 출결 곤란·과제 이탈이 잦아지고, 온라인 과제물만으로도 격차 확대가 체감된다는 교사 진술이 이어졌다. 이는 상호작용·미세 관찰·피드백 약화라는 전이 실패 메커니즘과 정합적으로 맞물린다.

문해력의 여러 정의가 있지만 나는 '타인의 텍스트를 이해하고 응답하는 능력'으로 규정한다. 타인을 잘 이해하지 못할수록 문해는 낮아지고, 타인을 신뢰할 수 없게 된다. 그러므로 학습의 그늘은 성적의 문제가 아니라 신뢰사회의 기반이 흔들리는 문제다. 이 지연이 장기화할 경우, 학습 손실은 개인 생애소득 및 국내총생산GDP의 하락 가능성과 같은 사회적 비용으로 이어질 수 있다. 교육 회복을 위한 우리의 고심이 깊어졌다.

교육 회복 종합 대책
: 지속성을 복원하고 '본질' 회복의 중심으로

교육부는 온라인 등교에 대한 엇갈린 여론 속에서 유·초·중 밀집도 1/3, 고교 2/3 기준으로 대면·원격을 병행하며, '일상 회복보다 교육 회복이 앞선다'는 원칙을 분명히 했다. 식당과 공항, 시장 문이 닫혀도 교육은 계속돼야 한다는 판단이었다.

이 기조 위에서 2021년 7월 '교육 회복을 위한 종합 대책'을 발표했다. 기초학력 안전망을 최우선 과제로 설정하고, 교육부와 17개 시·도교육청이 추경예산과 본예산 등 가용 예산을 최대한으로 투입하여 보충·재학습·정서 지원을 동시에 가동했다. 현장 교사 중심의 보충수업, 협력수업 선도 학교 500개교, 두드림학교 6000개교, 학습종합클리닉 193곳이 촘촘하게 연결되었고, 방학 중에도 전국 8324개교가 교과 보충을 이어 갔다. 인천은 소규모 팀 기반 학년별 학습 캠프, 대전은 국어·수학 기초와 심리정서 프로그램, 제주는 가정 방문 문해력 캠프로 기초 문해의 응급 보완에 나섰다. 이 조치는 이듬해까지 이어졌고, 누적 약 9000억 원이 넘는 예산이 투입되어 연인원 109만 명의 학생이 보충수업을 받았다. 무엇보다 수만 명의 교사가 방과 후까지 남아 아이들과 재학습을 반복한 현장의 헌신이 이 체계를 실질적으로 지탱했다.

학습 지원과 정서·사회성 회복은 함께 진행되었다. 대학생 튜터링(재정 1050억 원)을 통해 기초 보충과 상담을 병행했고, 초1~2학년은 국어 최소 45차시 등 생애 첫 정규학습 단계의 손실을 메우도록 학교 단위 프로그램을 확대했다. 중·고 1학년의 관계 형성 지연에 대응해 체육·동아리·사회성 프로그램을 늘리고, Wee센터와 외부 기관의 연계를 통해 맞춤형 상담·의료 지원을 제공했다. 온라인 간접 소통에 익숙해지며 대면 접촉을 어려워하는 학생이 늘어난 현실을, 교실 안의 관계 회복으로 되돌리는 데 초점을 맞춘 조치였다.

코로나19 전후의 주요 국가 PISA 결과 비교

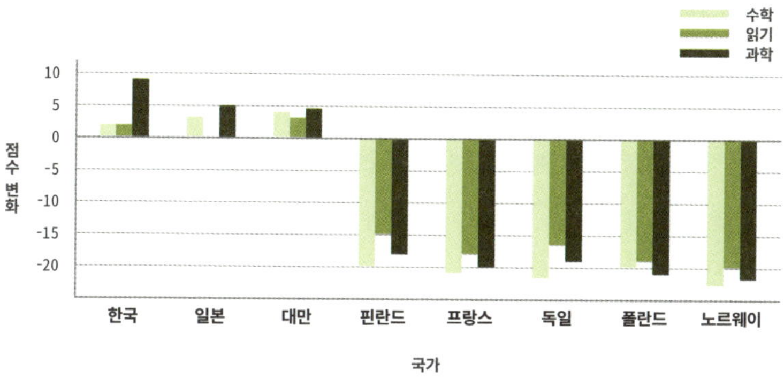

성과는 지표로도 확인되었다. 위 그래프는 2023년 발표된 국제학생평가프로그램PISA 결과의 한 부분이다. 2018년 대비 다른 회원국의 평균 점수는 모든 영역에서 하락했지만,

한국 학생들의 수학·읽기·과학 평균 점수는 상승했다. 특히 점수가 가장 많이 떨어진 수학의 경우 오랫동안 높은 학업 성취도로 주목받아 온 핀란드를 포함해 프랑스, 독일, 폴란드, 노르웨이 등의 점수가 20점 이상 하락한 반면, 한국은 수학과 읽기는 1점씩, 과학은 9점이 올랐다. 전체 81개국 중에서도 상위권을 유지했다. 영국 『이코노미스트』는 "거의 모든 선진국에서 재앙 수준의 학력 하락을 기록했지만, 한국·일본·타이완 등은 점수가 올랐다며 세계 각국 교육 당국은 이들 몇몇 선진국을 부러워할 것"이라는 분석을 내놨다.

이는 원격-대면 병행 체제에서 학습을 끊지 않고 기초와 정서의 동시 회복을 시도한 결과가 일정 부분 효과를 냈음을 시사한다. 다만 이 성과는 회복의 종결이 아니라 다음 단계의 토대로 읽어야 한다. 중위층의 얇아짐·기초 문해의 손상은 단순한 분량 문제가 아니라 학습의 질 문제이기 때문이다.

따라서 교육 회복의 2막은 지속성의 복원을 '읽기-쓰기의 질'로 수렴시키는 일이다. 그런데 디지털 전환 시대의 학습 환경에서 이러한 교육이 가능할까? 가능성 탐색을 위해 지금의 환경부터 살펴볼 필요가 있다.

디지털 학습의 함정과 '손으로 쓰기'의 근거

원격전환의 긴 터널을 지나는 동안 가장 먼저 흔들린 지점은 초등 저학년의 언어 기본기였다. 유치원 단계에서 한글을 익히는 경우가 적지 않더라도, 초등 저학년은 발음 → 대화 이해 → 문자 해독 → 쓰기로 이어지는 의사소통·문해의 토대를 다지는 시기다. 그러나 화상 기반 국어 수업은 학생별 수준에 맞춘 읽기·쓰기 개별화가 어렵고, 교실에서 가능하던 미세 관찰과 즉각적인 피드백이 약해지면서 기초 형성의 시간과 리듬이 흔들렸다.

문제는 도구의 문제이기도 하다. 태블릿, 노트북 중심 수업에다가 클릭·터치가 의사소통의 기본 동작이 되면서 손글씨 빈도는 줄었다. '디지털 격차 해소' 명목의 전국 단위 기기 보급과, 전면 온라인 수업을 거치며 2000년대생 디지털 네이티브는 전통적 읽기와 쓰기 습관과 더 멀어졌다. 이는 단지 도구의 교체가 아니라, 사고를 조직하는 방식의 변화를 동반한다.

읽기와 쓰기는 집중과 몰입을 전제한다. 그러나 상시 접속 환경에서 문자와 SNS 알림은 읽기의 순간을 반복적으로 끊고, 한 번 열린 화면에서 몰입을 복구하기는 쉽지 않다. 요한 하리Johan Hari의 『도둑맞은 집중력』×은 학생의 단일 과업 집중 시간이 19초, 성인은 3분 내외, 흩어진 주의를 회복하는 데 평균 23분이 걸린다는 연구를 소개한다. 쇼트 폼 유형의 콘텐츠는 '많이 보고 읽되, 얕게 생각하는' 습관을 굳히고, 타자와 서사의 맥락에 공감하며 읽는 깊이를 갉아먹는다. 긴 글 속 타자의 세계를 통해 자신을 성찰하는 과정이 줄어들수록, 문해는 '정보 파편의 처리'로 축소된다.

여기에 대한 반대축이 '손으로 쓰기'다. 버지니아 베르닝거Virginia Berninger 워싱턴대학 교수의 비교 연구 소개에 따르면, 동영상·오디오 학습, 인쇄물만 읽는 학습, 키보드 입력 학습에 비해 손글씨 기반 학습군의 습득·기억 성과가 높았고, 전자는 학습 장애(난독·ADHD) 위험이 높게 나타났다는 결과가 보고된다. 대학생에서도 손필기 집단은 수업 내용의 약 80퍼센트, 노트북 입력 집단은 약 50퍼센트를 기억했다는 요지가 제시된다. 핵심은 운동감각과 시각 통합이다. 손글씨는 글자의 크기·모양·배치·간격을 스스로 조절하게 만들어 사고의 조직화를 유도한다.

카린 제임스Karin James의 아동 기능자기공명영상법FMRI 연구 소개는 이 기제를 더 선명하게 보여준다. 글씨 쓰기 학습을 거치지 않은 아이들의 뇌에서는 단어가 활자가 아

× 요한 하리, 『도둑맞은 집중력』, 김하연 옮김, 어크로스, 2023.

닌 도형처럼 저장되는 양상이 관찰되었고, 쓰기 학습 후에야 문자 인식 회로가 활성화되며 정보가 언어 체계로 정돈된다는 요지가 제시된다. 플로리다대학 로라 데인하트Laura Deinhart 팀의 연구 소개 역시 조기 필기 습관과 성취·정리능력 간 상관관계를 보고한다. 결론은 명확하다. '손으로 쓰기'는 읽기-기억-사고-표현을 하나의 과정으로 묶는 학습 행위이며, 단순 타이핑으로 대체되기 어렵다.

이 변화는 정책과 환경에도 영향을 주고 있다. 미국은 공통교육과정에서 한때 필기(특히 필기체) 교육을 폐기했으나, 초등학생이 가장 많은 캘리포니아주에서는 2024년부터 필기체 교육 의무화로 방향을 조정했다. 스웨덴은 유치원 단계의 디지털 사용을 축소하고 종이책 기반 읽기를 확대하기로 했으며, 프랑스 등은 수업 중 모바일 사용 제한을 제도화했다. 우리도 수업 중 휴대전화 제한을 도입했지만 학습, 뇌 발달 관점의 체계적 논의와 수업 설계가 병행되어야 하며, 디지털은 탐색·보기, 손글씨는 사고·정리라는 역할을 명확하게 해야 한다.

따라서 회복의 다음 단계는 도구와 리듬을 다시 배치하는 일이다. 알림을 차단해 주의의 연속성을 지키고, 맥락을 가진 텍스트를 읽은 뒤 손글씨 요약으로 생각을 문장으로 묶는다. 마지막으로 서로의 글에 응답하는 루틴은, 클릭-제출형 과제에서 놓친 관계적 학습을 되살린다. 이 과정은 문해를 '정보 이해'가 아니라 타자에 응답하는 능력으로 복원하며, 그 자체로 귀 기울임 또는 관심(상대의 신호를 정확히 포착하고 끝까지 머무는 능력)을 훈련한다.

이 원리를 교과와 생활 속으로 제도화하는 구체적 방안은 무엇일까?

'쓰기' 중심 교육 회복:
디지털과 병행하는 원칙과 실행

앞에서 우리는 디지털 전환의 긴 터널이 남긴 상처를 확인했다. 이제 필요한 일은 그 진단을 되풀이하는 것이 아니라, 교실과 학교, 제도 속에서 실제로 작동할 회복의 과정을 제시하는 일이다. 나의 제안은 간명하다. 읽기-쓰기의 '질'을 회복해 문해를 신뢰로 번역하는 것, 그리고 그 과정을 학생의 주의를 훈련(교실·관계의 층위)하고 학교·정책의 돌봄을 설계(제도의 층위)하는 체계로 정착시키는 것이다.

핵심은 디지털을 배제하는 것이 아니라, 학습 목적에 맞게 '재배치'하는 데 있다. 접속과 탐색·보기는 기기가 맡고, 사고와 정리는 종이와 손글씨가 맡는다. 수업 시간에는 몰입을 갉아먹는 요소를 차단하고, 기기 사용이 필요할 때는 목적－시간－산출물을 선명히 못 박는다. 이는 접속의 성공이 곧 학습의 성공이 아님을 교실 규범으로 바꾼 것이다.

다음은 한 선생님이 그 규범을 수업 시간의 리듬으로 구현해 본 사례이다. 교사는 먼저 오늘의 텍스트에 맥락과 질문 하나만 부여한다. 학생들은 종이 기반 텍스트를 펼치고, 7~10분 동안 조용히 깊이 읽으며 여백에 근거·반례·의문을 표시한다. 이어서 손글씨로 150~200자 요약을 적는다. 손으로 글자의 크기·모양·배치를 스스로 조절하며 생각을 묶는 이 과정은 곧바로 200~300자 서술(동의·반박·대안)로 이어진다. 마지막에는 자리에서 서로의 글을 교차하여 읽고 두 번의 응답(질문·근거·정정)을 남긴다. 교사는 순회 관찰하면서 아이들의 표정, 글 쓰는 속도, 표시의 패턴 등을 살피고, 서술에는 기호 기반의 피드백(논지 △, 근거 □, 표현 ○ 등)을 가볍게 얹어준다. 클릭과 제출로 소진되던 시간이 문장으로 사고를 드러내고 서로에게 응답하는 시간으로 치환되는 장면, 이것이 '쓰기' 중심 회복이 교실에서 작동하는 방식이다.

이 루틴은 모든 교과에 적용된다. 국어·사회·과학의 설명 및 논증 텍스트에는 요약－서술－응답이 자연스럽게 닻을 내리고, 수학·과학은 풀이과정을 문장으로 서술하고 오답 노트에 오류의 원인을 쓰게 함으로써 사고의 궤적을 가시화한다. 초등 1~2학년처럼 기초 문해 토대를 세우는 학년은 소리–낭독–따라 쓰기–짧은 문장으로 미세하게 쪼개어 자주 반복하고, 중고교는 주장–근거–반박–대안의 구조를 명시해 사고의 뼈대를 세운다. 중요한 것은 분량을 늘리는 일이 아니라, 읽고–요약하고–서술하고–응답하는 '사고의 사슬'을 매시간 흔들림 없이 이어 붙이는 일이다.

평가와 피드백도 같은 철학으로 정렬한다. 읽기 표시, 손글씨 초안, 수정본, 상호 응답을 한 갈피에 묶어 포트폴리오로 관리하고, 점수보다 문장 단위 피드백(논지·근거·표현)을 기본으로 한다. 교사는 수업 시간 내에 표정·속도·표시 패턴의 이상 신호를 포착해 다음 시간의 맞춤 과제로 곧장 이어준다. 이렇게 모인 흔적은 학생 스스로에게도 사고의 성장선을 보여주는 거울이 된다.

학교 차원의 뒷받침이 없다면 교실의 리듬은 오래 버티기 어렵다. 시간표에 학년·교과별 '쓰기 블록'을 고정하고, 교실 뒤편에는 응답 게시판을 마련해 좋은 질문과 좋은 근거 문장을 상시 전시한다. 전환기에 축적된 교사의 온라인 협업 경험은 자료·문장 예시를 공유하는 상시 네트워크로 전환한다. 정서와 관계의 회복은 수업과 병렬로 이어져야 한다.

공정성의 장치도 중요하다. 노트와 필기도구 같은 최소

한의 쓰기를 위한 기반은 학교가 보장하고, 읽기 속도·서술 분량은 수준별 과제로 병렬 제공해 출발선의 차이를 흡수한다. 가정의 지원 정도나 기기의 보유 여부가 학습 진입을 가르는 요인이 되지 않도록, 과정 중심 평가와 상호 응답 참여를 학급의 기본 책무로 둔다. 방과 후나 방학 중에는 기초 문해의 응급 처방(예컨대 문해력 캠프)을 학기 루틴과 맞물려 조직해, 학습 부진을 학년 말까지 끌고 가지 않게 한다.

교사의 제안은 학생이 읽기·요약·상호 응답활동을 통해 타자의 신호에 자연스럽게 응답하는 습관, 곧 귀 기울임을 길러주려는 것이다. 이러한 노력이 개인의 헌신에만 의존하지 않도록 학교와 제도가 뒷받침해야 한다.

두 차원이 맞물릴 때 '쓰기' 중심의 회복은 교육의 따스함을 위한 토대를 놓을 것이다. 지금 여기서 우리가 시작할 수 있는 작은 회복부터 각자의 현장에서 실천해보면 어떨까?

2부

존중

"존중의 규칙이야말로 혐오와 대립을 줄이고,
갈등을 숙의의 자원으로 바꾸는 현실적 장치다."

2. 세대와 정체성의 격돌

: 존중을 토대로 한 시민교육으로 풀기

“사람들이 사고思考를 멈추는 순간, 자유는 허망한 약속으로 전락한다.” 버트런드 러셀Bertrand Russell의 『생각을 잃어버린 사회』[×]를 만났을 때, 내 눈을 사로잡은 한 문장이다. 이 문장은 2024년 12·3 계엄 사태의 기억과 겹쳐졌다. 가짜 뉴스와 혐오가 소셜 미디어를 타고 증폭되며 ‘적 혹은 동지’의 구도는 정치를 정서적 전쟁터로 바꾸었다. 갈등을 조정해야 할 정당은 기능을 잃고, 공론장은 분절되며 규범과 신뢰가 무너졌다. 러셀이 경고한 “사유 부재와 권위주의의 공모”를 우리는 생생히 목격한 것이다.

책을 덮으며 스스로에게 물었다. ‘학교는 무엇을 가르쳐야 하는가?’ 러셀이 같은 책 4장 「잘못된 사고를 꿰뚫어보는 힘: 철학은 무엇을 꿈꾸는가?」에서 제시한 답은 명확했다. 철학은 단순한 논박 기술이 아니라, 잘못된 전제와 감정적 장막을 걷어내어 어떻게 함께 살아야 하는가를 묻는 지적 윤리다. 오류를 분별하는 힘은 곧 타인을 이해하고 존중하는 태도로 이어진다.

바로 여기서 시민교육(비판적 사유 교육)의 필요성이 드러난다. 시민교육의 출발점은 서로의 존엄을 인정하는 태도이며,

× 버트런드 러셀, 『생각을 잃어버린 사회』, 장석봉 옮김, 21세기북스, 2025.

작동 원리는 비판적 사유다. 독일의 보이텔스바흐 합의(교화 금지·논쟁성 보장·학습자 중심)는 러셀이 말한 교육 윤리를 제도화한 대표 사례다. 교사는 강요 대신 질문으로 안내하고, 학생은 다양한 관점을 시험하며 스스로 판단한다. 혐오와 차별에 단호히 맞서는 것도 이 과정에 포함된다.

그러므로 학교는 시대적 반지성과 배수진을 치고 싸우는 곳이자 시민 리더십의 훈련장으로 재정의되어야 한다. 한국형 보이텔스바흐 합의의 법제화, 숙의형 수업의 일상화, 모의선거·지역 참여 프로젝트 같은 경험 기반활동, 교사 권리·책무의 동시 확립, 디지털·미디어 리터러시 강화가 그 토대를 이룬다. '적개심의 정치'를 넘어 숙의와 협력의 정치로, 세대·정체성 갈등을 공존과 학습의 자원으로 전환하는 것이다. 갈등은 민주주의의 재료이며, 해법은 토론·협력·규칙이고, 그 출발점은 언제나 따스한 사유의 공간, 학교다.

계엄의 밤과 광장의 연대

12·3 계엄 이후 한국 사회는 낯선 국면을 맞았다. 대통령의 위헌적 계엄 포고는 처음엔 '가짜 뉴스 아닌가?' 하는 반

응을 불러올 만큼 초현실적이었지만, 의원들과 시민이 군대보다 먼저 국회로 달려가 밤을 지새우며 헌정 질서를 지켜낸 장면은 우리 사회가 지닌 시민적 잠재력을 확인시켰다. 이후 탄핵이 의결되기까지 여의도를 가득 메운 수십만 시민, 그리고 대통령이 구속되기까지 한 달 남짓 광화문·남태령·한남동을 지킨 청년 세대의 모습은 분노를 공존의 의지로 전환한 사례였다. 특히 "계엄의 밤에 달려가지 못했다"는 자책을 내려놓고 집회를 지킨 청년들의 목소리는 세대 간 단절을 돌파하며 공감의 연대를 일궈냈다. 양곡법을 잘 몰랐던 청년들이 농민 행진을 막은 경찰 조치에 문제의식을 느껴 남태령으로 향한 일, 먹을거리를 선결제하고 난방 버스를 보낸 시민들의 자발적 참여, 오랫동안 외면됐던 민주노총과 전장연의 목소리에 귀를 기울인 장면은, 중첩된 갈등이 광장에서 상호 존중으로 승화될 수 있음을 보여주었다.

그러나 현실은 낙관만으로 설명되지 않는다. 탄핵 표결 과정에서 집권 여당 의원 대다수가 계엄 시도에 사실상 동의했고, 탄핵 이후에도 일부 국무위원과 고위 공직자는 위헌 행위에 대한 명확한 거부 의사를 밝히지 못한 채 직을 유지했다. 또한 탄핵 반대 집회과정에서 일부 극단적 지지 세력이 법원을 습격해 시설을 파괴하고 경찰과 기자에게 폭력을 행사한 사건은 대한민국 헌정사에서 보기 드문 집단적 폭력이었다.

헌정 파괴와 권력 공백이 초래한 국방·치안의 혼란, 국가 안보와 경제에 대한 불안은 트럼프 재등장, 미·중 갈등, 세계적 포퓰리즘 확산 등과 맞물려 미래 전망을 어둡게 했다. 잘못된 정보와 감정적 선동이 어떻게 민주주의를 위협하는지가 선명히 드러난 순간이었다.

이 경험은 러셀이 『생각을 잃어버린 사회』 4장에서 강조한 "잘못된 사고를 꿰뚫어보는 힘"이 시민적 연대로 구현된 사례다. 오류를 분별하고 타인을 이해하려는 사유능력이 민주 헌정 붕괴 위기를 막아낸 방파제였음을 우리는 확인했다.

극단적 대립과 혐오의 시대

민주주의에서 정당은 경쟁 속에서도 상대를 '협상할 라이벌'로 인정하고 타협을 모색하지만, 한국 정치에는 어느 순간부터 '완전한 배제'가 뿌리내렸다. "정치를 적과 동지로 나누라"고 주장한 독일 법철학자 카를 슈미트Carl Schmitt의 논리가 국내 담론에 빈번히 호출되면서, 상대를 무찔러야 할 대상으로 규정하는 경향이 강화된 것이다.

이 논리가 한국 현실에서 직접 인용된 사례로는 2021년

윤석열 전 검찰총장(당시 민간인)과 진중권 작가의 비공개 대담이 있다. 진중권은 CBS 라디오(2021년 7월 13일) 인터뷰에서 "윤 전 총장이 카를 슈미트를 거론하며 '민주당 의원들이 법을 목적 달성의 수단으로 쓴다'고 비판했다"고 증언했다. 이후 윤 전 대통령은 집권 2년 6개월 동안 국회를 통과한 법안 25건에 거부권(재의요구권)을 행사해 역대 최다 기록을 세웠고, 야당 지도부가 연루된 사건에는 검찰 수사를 집중해 정치 갈등을 극대화했다.

적대적 정치가 심화되자 시민사회 전반에서 이견 표출이 위축됐다. 정책·가치 대결 대신 "적폐 청산" "좌파·종북 척결" 같은 상징적 구호가 권력투쟁을 대체하며, 대통령제에 집중된 권력 구조는 '정당 대 정당'이 아닌 '대통령 대 야당' 구도를 고착시켰다. 2025년 1월, 윤 전 대통령의 구속영장이 발부되자 극렬 지지자 수백 명이 서울서부지방법원에 난입해 기물을 파손하고 경찰과 기자에게 폭력을 행사한 사건은 적대적 대립이 물리적 폭력으로 비화할 수 있음을 보여주었다.

2000년대 이후 인터넷과 소셜 미디어의 발달은 정치 참여의 문턱을 낮췄지만, 동시에 감정적 양극화를 가속했다. 조회수 경쟁에 내몰린 일부 유튜브 채널과 편향 언론은 자극적 언행을 확대 재생산하며 혐오 표현을 양산한다. 정당이 갈등 중재자로서 기능하지 못하고, 국회가 대표성·다양성을 확보하지 못할수록 정치 불신은 커졌다.

결국 해법은 '정치의 배제'가 아니라 갈등을 기술적으로 다룰 수 있는 시민의 철학적 역량이다. 카를 슈미트의 예외상태 개념을 비판적으로 검토하고, 정보 선택과정에서 오류와 선동을 가려내는 힘—곧 시민교육(비판적 사유 교육)—이 민주주의를 지키는 가장 현실적인 방파제다.

독일 헌법에 명시된 정치교육이 그리는 시민교육의 지평

독일에서 1949년 제정된 기본법은 학교의 책무를 "자유롭고 민주적인 국가 질서에 헌신하는 시민을 기르는 일"이라 규정하며 정치교육Politische Bildung을 헌법적 의무로 격상시켰다. 각 주州는 이에 따라 초등 '사회', 중등 8~10학년 '정치·사회' 필수과목, 고등 11~13학년 심화과목을 편성해 정치 제도와 시민 권리를 다루도록 하고 있다. 그러나 독일 교실의 목표는 제도 암기를 넘어 자유·평등·존엄을 사유하고 타인의 입장을 존중하는 태도를 기르는 데 있다. 다시 말해, 명칭은 '정치교육'이지만 실제 내용은 시민교육(비판적 사유 교육)인 셈이다.

이 교육의 철학적 성격은 1976년 보이텔스바흐 합의가 결정적으로 뒷받침했다. 합의는 교화 금지, 논쟁성 보장, 학습자 중심이라는 세 원칙을 통해 강요 없는 학습과 관점 다원성을 제도화했다. 세 원칙은 버트런드 러셀이 『생각을 잃어버린 사회』 8장에서 제시한 교사의 임무(지적 독립성 보증, 비판적 사고 촉진, 관용 교육)를 행정 규칙으로 구현한 것이기도 하다. 러셀이 강조한 "교육은 사고의 틀을 깨는 힘"이라는 명제는, 독일 교실에서 학생들이 서로 다른 견해를 실험하며 존중의 규칙을 배우는 장면으로 나타난다.

수업 현장에서 이를 가장 분명히 보여주는 사례가 주니어발Juniorwahl 모의 선거다. 2024년 유럽의회 선거를 앞두고만 해도 5580개 학교, 약 150만 명이 참여해 후보 등록부터 투표·개표·결과 분석까지 전 과정을 학생 스스로 운영했다. 토론활동 역시 '관점 바꾸기Perspektivwechsel' 기법이 널리 활용된다. 연방·주 정치교육원이 배포하는 워크시트는 토론이 끝난 뒤 상대 논거 중 설득력 있었던 점을 기록하게 해 역지사지적 존중을 체득하도록 돕는다.

청소년의 정치 참여와 교사의 시민권도 이러한 존중 문화의 제도적 기반이다. 일부 정당은 만 14세부터 가입을 허용하고, 만 18세가 되면 피선거권이 부여된다. 학생회와 지자체 학생 대표 회의는 법적 기구로 자리해 학교 예산·시험

제도 같은 의사 결정과정에 학생 의견이 공식 반영된다. 교사는 공무원이면서도 시민으로서 정치 표현의 자유를 보장받되, 교실 안에서 특정 견해를 강요하거나 차별·혐오 발언을 용인해서는 안 된다. 이는 보이텔스바흐 합의와 러셀의 책 8장에서 공히 강조한 "지적 자유와 존엄 수호"의 실천 규범이다.

결국 독일 사례가 시사하는 바는 분명하다. 정치교육이라는 명칭 아래 구현된 시민교육의 비판적 사유 훈련과 강요 없는 존중의 규칙이야말로 혐오와 대립을 줄이고, 갈등을 숙의의 자원으로 바꾸는 현실적 장치다. 민주주의를 지키는 최선의 안전장치는 '편을 갈라 싸우는 기술'이 아니라, 타인의 가치와 논거를 이해하고 존중하려는 시민적 사유를 학교에서부터 체화하는 일이다.

한국형 시민교육 로드맵

한국 학교에도 시민교육의 시도가 전혀 없었던 것은 아니다. 다만 '5·18 주간'처럼 기념일 중심의 단발성 계기 수업에 머무르거나, 정책 변화에 따라 사업명과 예산이 크게 흔들리면서 연속성과 체계성이 부족했다. 민주주의와 평화는 사업 이름이 아니라 사람을 대하는 태도이며, 교육의 본류 속에서 일상적으로 다뤄져야 지속력을 갖는다. 12·3 계엄 사태에서 확인된 시민 연대의 잠재력을 '평상시의 역량'으로 전환하려면, 강요 없는 사유와 상호 존중을 핵심 가치로 삼은 한국형 시민교육(비판적 사유 교육)을 만들 필요가 있다.

첫 단계는 교실 구조를 바꾸는 일이다. 사회·역사·과학 교과에 가치 딜레마 토론과 증거 기반 논증 글쓰기 모듈을 공통으로 심어두면 학생들은 논리적 설득 기법과 존중 언어를 동시에 연습할 수 있다. 여기에 모의 선거·모의 의회 프로그램을 교육과정에 포함하면, 제도를 체험하는 과정에서 '규칙·협력·책임'의 의미를 몸으로 익히게 된다. 실제 독일 정치교육원들이 보급하는 '관점 전환 워크시트Perspektivwechsel Blatt'처럼 토론 뒤 상대 주장의 설득력 있는 근거를 적어 보는 활동을 도입하면, 의견 차이를 적대가 아니라 학습 자원으로 전환하는 능력이 자연스럽게 길러진다.

학교가 지역사회와 연결되면 학습 효과는 더욱 커진다. 지자체·시민단체와 연계해 '지역 공론 프로젝트'를 운영하면 학생들은 생활권에서 발견한 문제를 탐구하고, 정책 제안과 실행까지 경험한다. 세대·계층 간 갈등이 특히 두드러진 지역에서는 '마을 원탁회의' 형식의 대화 프로그램을 열어 청소년·노년·이주민이 함께 문제를 정의하고 해결책을 모색하도록 지원할 수 있다. 이러한 프로젝트는 갈등을 피하는 대신 숙의와 협력의 장으로 전환하는 과정을 학습하게 한다.

청소년 참여 플랫폼도 확장해야 한다. 시·도 단위의 '청소년 공론회'가 법제화되면 학생 대표들이 교육·청소년 정책을 공식 안건으로 제안하고 심의할 수 있다. 온라인 공간에서는 분기마다 주제를 정해 공공 도서관과 연계한 포럼을 열고, 우수 제안을 지방의회 정책 토론과 연결하면 청소년 의견이 제도에 스며드는 통로가 생긴다. 이는 '정치는 먼 여의도 이야기'라는 거리감을 줄이고, 학생들이 자신의 경험과 가치관을 공적 언어로 번역하는 훈련장이 된다.

교사 또한 존중 문화의 핵심 주체다. 보이텔스바흐 합의가 강조한 '교화 금지·논쟁성 보장·학습자 중심' 원칙을 적용한 수업 디자인 연수를 의무화하면, 교실 토론의 안전망이 강해진다. 동시에 교사로서의 근무시간과 직무 관련성 규정을 명확히 하고, 차별·혐오 대응 매뉴얼을 제공하면 법적·사회적 리스크를 줄인 채 전문성을 발휘할 수 있다. 교사가 시민권을 누릴 때 학생도 시민권을 학습할 수 있기 때문이다.

마지막으로, 온라인 공간에서 존중을 실천하는 문화를 키워야 한다. 알고리즘 편향과 허위정보를 분석·판별하는 워크숍을 정기적으로 운영하고, 학교와 학생회가 함께 '온라인 존중 헌장'을 제정한다면 혐오·차별 표현에 대한 대응 절차가 투명해진다. 그 과정에서 미디어 리터러시와 철학적 윤리가 동시에 강화된다.

결국 갈등은 민주주의의 재료다. 해법은 '정치를 배제'하거나 상대를 침묵시키는 데 있지 않다. 갈등을 논증·협력·규칙으로 다루는 시민적 사유와 존중의 습관을 길러내는 것만이 숙의 민주주의의 토대를 튼튼히 한다. 위 로드맵은 현행 헌법 가치와 교육 기본법 틀 안에서 실현 가능한 과제이기에, 사회적 논란을 최소화하면서도 변화의 씨앗을 뿌릴 수 있다. 학교가 강요 없는 사유와 존엄을 지키는 언어를 매일 연습하는 공간이 될 때, 시민 리더십은 위기 때마다 '호출'되는 응급 대응이 아니라 일상적 생활 기술로 자리 잡게 될 것이다.

3. 지역 소멸과 수도권 과밀
: 생활권에서 시작하는 존중의 사다리 놓기

한국의 초·중등과 고등교육이 동시에 구조적 위기에 직면해 있다. 2024년에만 초·중·고에서 약 9만6000개의 책걸상이 사라졌고, 2025년에 1학년 신입생이 한 명도 없는 초등학교는 전국에 184개교로 이는 지난해(112곳)보다 약 60퍼센트 증가한 수치이다. 이러한 지표는 학령인구 감소가 학교 운영의 지속 가능성을 직접 위협하고 있음을 보여준다.

대학 부문에서는 수도권 중심 이원화로 지역 대학의 재정이 악화되었다. 이는 교육의 질 저하와 우수학생 유출로 귀결된다. 이로 인해 인문사회학은 축소되고 지역 상권·산업·문화 생태계 위축으로 이어지는 악순환이 관찰된다.

이중 위기에 대응하려면 교육 생태계의 전면 재설계가 필요하다. 학교(초·중등)는 공적 돌봄과 재교육을 결합한 생활권 기반 지역 교육플랫폼으로 전환하고, 대학은 지역의 전략 산업·문화와 연계한 연구 중심 특성화, 공유 대학, 산학 연계 인재 양성 체계로 재편해야 한다. 행정구획을 넘어 생활권과 산업권을 잇는 권역 협력이 교육-산업-정주를 결합하는 핵심 원리다.

이 전환의 규범은 '존중'이다. 거주지에 따른 권리와 기회 격차를 축소하고, 지역의 역사·문화·생활권을 교육 기획에 동등하게 반영하는 것을 정책의 출발점으로 삼을 때, 교육-산업-

정주가 연결되는 선순환이 강화된다.

도시 재생의 영감을 준 말뫼

스웨덴 서남쪽 끝, 말뫼Malmö라는 항구 도시가 있다. 세계 최초로 액화천연가스LNG선을 건조했던 유럽 최대의 조선회사 코쿰스KocKums 본사가 있는 도시다. 높이 129미터에 달하는 초대형 갠트리 크레인Gantry Crane, 일명 골리앗 크레인이 유럽 조선업체와 도시의 번영을 상징하던 곳이다. 1980년대까지만 해도 지역민들은 풍요로운 삶을 살았다. 하지만 새로운 국가들이 조선업의 강자로 부상하면서 점차 쇠락하기 시작했고 결국 조선소는 문을 닫았다. 수만 명의 노동자가 직업을 잃었고 말뫼의 상징과도 같던 골리앗 크레인은 그 자리에 우뚝 선 채로 2002년 울산의 현대중공업에 단 1달러에 매각되기 전까지 오랫동안 무용지물로 여겨졌다. 크레인이 한국행 선박에 선적되던 날, 스웨덴 방송은 장송곡을 내보냈고 신문들은 "말뫼의 눈물"이라는 제목을 달았다.

그러나 말뫼는 번영의 종말을 손 놓고 보고 있지만은 않았다. 스웨덴 정부와 시 당국, 그리고 시민들이 6개월간의 토론을 거쳐 말뫼를 탈바꿈할 '내일의 도시City of Tomorrow' 프로젝트를 시작한다. 바이오, 정보기술, 재생에너지 산업을 중심으로 하는 친환경 첨단지식산업을 발전시키기로 하고, 이를 뒷받침할 인력과 기술을 확보하기 위해서는 대학이 필요하다는 판단하에 1998년 옛 조선소 부지에 말뫼대학을 설립했다. 시는 북유럽의 청년들이 와서 편하게 공부하고 지역에 정착할 수 있도록 2000명 규모의 기숙사를 세우고 모든 강의를 영어로 진행하도록 했다. 청년들이 선호하는 IT, 기초 공학, 디자인, 미디어 등 융합 학문을 집중적으로 가르치는 말뫼대학은 유럽 각지에서 인재들이 몰려들어와 현재 2만4000여 명이 공부하는 북유럽의 명문 대학으로 급성장했다.

스웨덴 정부와 말뫼는 여기서 그치지 않고 청년들이 살고 싶은 도시를 만들기 위해 생활 여건 개선에도 적극 나섰다. 오염된 산업단지를 친환경 구역으로 만들고 주거 시설을 포함한 지역의 건물에 신재생에너지를 공급한다는 원칙 아래 도시 재생을 진행했다. 새로 건설된 제로에너지 주택에 태양광 패널을 설치해 난방 수요를 충당하고 빗물을 저장해 생활용수로 활용하거나 주택에서 나오는 쓰레기를 재활용해 바이오가스로 변환하여 자동차 연료로 사용하도록 했다. 그 결과 말뫼의 제로에너지 주택은 스웨덴의 일반 가정집보다 25~40퍼센트까지 에너지 효율을 높일 수 있었다. 또 청년들의 창업을 지원하기 위해 대학에서 10분 거리에 있는 옛 조선소 건물을 개조해 창업 지원 인큐베이팅 기관과 미디어시티, 사이언스파크 등을 조성하고 청년들에게 기술과 교육, 자본을 제공했다.

조선산업이 사양화되고 많은 노동자가 일자리를 잃었을 때 바다 건너 덴마크의 수도 코펜하겐과 연결하는 7.8킬로미터 길이의 외레순 다리Öresundsbron를 건설해 시민들이 다시 직업을 구할 수 있었고, 새로운 주거 단지와 신산업 단지가 조성된 지금은 이 다리를 건너는 하루 통근자만 2만 명이 넘을 정도로 두 도시는 인적·물적 교류가 활발한 하나의 경제권이 되었다. 이런 노력 끝에 1990년대 초 22만 명까지 줄었던 말뫼의 인구는 2018년 들어 30만 명 선을 회복했고, 인구의 절반 이상이 35세 이하인, 유럽에서 가장 젊은 도시가 되었다. 창의성과 젊은 열정이 넘치는 도시를 찾아 Deloitte, PWC, KPMG 같은 세계적인 기업의 북유럽 본사가 말뫼로 이전했고, 유엔환경계획은 말뫼의 신도시를 '세계에서 가장 살기 좋은 도시'로 선정했다.

인구 감소로 인한 지역의 쇠락은 서구 선진국들도 골머리를 앓고 있는 문제이기에 유럽 내에서도 말뫼의 사례는 손꼽히는 지역 재생 사례다. 나와 함께 문재인 정부의 국무위원으로 참여했던 문성혁 전 해수부장관이 복직한 세계해사 대학이 마침 말뫼에 있었기에 독일에 잠시 머무는 동안 문 전 장관을 만나러 말뫼를 방문한 적이 있다. 직접 목격한 말뫼의 변화는 대학을 축으로 청년의 주거·학습·일자리와 시민의 생활권을 함께 마련한 '존중'의 정책 묶음이었다. 교육·도시·산업이 생활 단위에서 연결될 때 지역은 다시 매력적으로 기능한다. 이번 장에서 제시하는 '교육을 통한 지역 활성화'의 방향과 맞닿아 있다.

한국의 지역 소멸, 얼마나 심각한가

한국전쟁 이후 한 번도 인구가 줄어든 적 없던 우리나라가 2020년 출생보다 사망자 수가 많은 '인구 데드크로스 dead cross'를 기록하며 인구 감소국이 되었다. 2024년 우리나라 합계 출산율은 0.75명으로, 9년 만에 반등을 보였으나 OECD 평균인 1.51명에 비하면 여전히 절반에 불과한 세계 최하위권에 머물러 있다. 이 같은 수치가 계속되면 머지않아 국가의 존속을 걱정해야 할 상황에 직면하게 될 것이다. 실제로 통계청이 작성한 '2022년 기준 장래인구 추계를 반영한 세계와 한국의 인구 현황 전망'을 보면 50년 뒤인 2075년이 되면 한국의 인구는 3500만 명까지 줄어들고 그때에도 합계 출산율은 세계 꼴찌 수준일 것이라고 전망했다. 양적인 감소뿐만 아니라 질적으로도 고령화가 가속화되어 65세 이상 고령인구는 19.2퍼센트에서 47.7퍼센트로 치솟고 중위 연령도 63.4세로 예측됐다. 이대로 간다면 50년 후 한국은 경제가 둔화되고 공동체도 붕괴되는 이른바 '축소사회shrinking society'로 전락하게 되는 것이다.

급속한 초고령화는 지역에 가장 가혹한 재앙이 될 것이다. 이미 고령화된 지역은 출생아 수가 월등히 적어 자연 감소가 빠르게 진행되기 때문이다. 더구나 청년들은 지역에서 나고 자랐어도 더 많은 기회를 찾아 서울로 떠난다. 2001년부터 2020년까지 20년간 인구 이동 패턴을 보면 지역에 살던 20대 148만 명이 수도권으로 이동했다. 100대 기업 중 86개 기업의 본사가 수도권에 있으니 취업 인구의 절반 이상이 수도권에 머무르는 것은 어쩌면 당연하다. 수도권과 비수도권의 대학생 수를 비교하면 수도권 쏠림 현상이 더 분명히 보인다. 전체 대학생 수는 2013년 약 212만 명에서 2023년 약 185만 명으로 12.49퍼센트 감소했는데 수도권 대학생 수가 1.76퍼센트 감소한 데 비해 비수도권 학생 수는 18.91퍼센트가 줄어, 비수도권 학생 수가 수도권에 비해 약 18배가 더 감소한 것으로 나타났다.

이런 추세로 인해 지방은 226개 시·군·구 중에서 89곳이 인구 감소 지역으로 지정될 만큼 빠르게 공동화되고 있다. 이 중에는 대구 남구와 같은 대도시의 도심도 포함되어 있고, 포항이나 구미 같은 산업도시도 인구가 빠르게 줄고 있다. 시대의 번영을 이끌었던 산업 도시에서 빈곤의 도시로 전락해 파산 선언을 한 미국의 디트로이트, 영국 버밍엄의 비극적 사례가 우리나라의 지역 도시에도 닥쳐오고 있다.

지역 도시의 인구 유출에 영향을 미치는 핵심 요인으로 일자리, 주거, 의료와 같은 생활 여건과 교육 문제가 빠짐없이 거론된다. 청년들이 일자리를 얻어 지방에 자리를 잡고 살더라도 결혼 후 자녀가 학교 갈 나이만 되면 하나 둘 큰 도시로 빠져나간다. 고등학교를 마치면 상당수 아이들은 서울이나 인근 대도시의 대학으로 떠나고 졸업 후에도 다시 귀향하는 경우는 드물다. 지역 대학으로 간 청년들은 대학 서열화와 스펙 경쟁에서 실패했다는 열등감에 더해, 서울로 가지 못하면 신기술과 새로운 기회마저 놓치는 게 아닌가 하는 두려움과 불안감에 시달린다. 서울이 곧 성공의 지표가 되는 사회에서 지역 청년들은 상대적 박탈감에 괴롭기만 하다.

지역의 공동화와 지역 교육의 공동화가 서로 맞물리며 사태를 더욱 악화시키는 현상을 멈추기 위해서는 교육만의 노력으로 해결할 수 없다. 산업과 행정, 사회, 문화 등 모든 분야가 함께 머리를 맞대고 풀어야 할 절체절명의 과제다. 지금까지 우리 교육이 주력했던 산업 인력 육성이라는 양적 성장의 패러다임에서 벗어나, 협력과 상생의 질적 패러다임으로 전환하고 교육계와 지자체, 정부와 산업계가 새로운 거버넌스를 찾아야 한다. 지역 교육 문제를 해결하는 것이야말로 지역사회, 더 나아가 대한민국을 살리는 길이기 때문이다. 따라서 인구·산업 대책만으로는 충분하지 않다. 거주지에 따른 권리·기회 격차를 줄이는 '존중'을 교육-산업-정주의 제1 원칙으로 삼아야 한다.

매력적인 지역 만들기의 시작

대한민국 국민이라면 어디서 살든지 일상에서 행복을 추구하며 자유로운 개성의 발현과 평화적 생존을 영위할 권리를 가진다. 지역이 다르다고 해서 기본적인 의식주 생활과 교육, 직업 등에 있어 격차가 발생하지 않아야 하고 행복한 삶을 살아가는 데 제약이나 어려움이 없어야 한다. 그래서 우리 헌법은 지역 간 균형 있는 발전을 위해 국가에게 지역 경제 육성의 의무를 지우고 있다.

국토의 균형 있는 발전은 대한민국의 미래를 위해서도 중차대한 의제다. 수도권에 인구가 집중됨으로써 주거, 교통, 교육, 의료 등 다양한 사회 기반의 불균형이 초래되고 이는 곧 주택 가격 상승과 교통 혼잡, 교육 경쟁의 심화, 의료 서비스의 질 저하 등의 문제를 유발한다. 이러한 불균형에 따른 사회적 스트레스는 청년층에 고스란히 전가되어 경쟁에서 살아남기 위해 결혼 및 출산을 기피하는 현상으로 이어진다. 수도권과 비수도권의 격차가 심화될수록 인구는 줄고 나라 전체의 동력마저 점차 꺼지는 악순환이 반복되는 것이다.

그동안 역대 정부는 지방분권법, 국가균형발전특별법 등 지역 발전을 위한 법과 제도를 추진해왔지만 지역 소멸 현상을 막는 데는 역부족이었던 것이 사실이다. 행정수도를 이전하고 지역에 질 좋은 일자리를 마련하기 위해 혁신도시를 세우고 산업단지를 조성해도 지역의 인구 유출을 막지 못했다. 지역 소멸은 일자리 정책만으로는 해결될 수 없기 때문이다. 지역 대학을 다닌다고, 지역에 산다고 '2등 시민' 취급을 받는 현실에서 지역이 매력적으로 다가올 리 없다. 더 좋은 교육을 받고 더 나은 일자리를 갖고 더 다양한 문화를 즐기고 싶은 것은 인지상정이다. 지역에 살면서도 질 높은 교육을 받고 첨단 산업에서 일하며, 힙한 문화를 향유한다면 그곳은 더 이상 '낡고 오래된 지방'이 아니라 '트렌디한 지역'이 되는 것이다.

그래서 지역을 살리는 전략은 인구수 유지가 아니라 매력 있는 도시로의 변화 가능성에 중점을 두어야 한다. 행정구역을 조정하거나 은퇴자를 유입해서 인구수를 늘리는 식으로는 경쟁력이 생길 리도 없고 지속 가능하지도 않다. 전체 인구가 다소 줄더라도 지역의 핵심 도시들이 젊은 인재들로 채워지고 생산성이 향상된다면 지역의 성장과 발전은 자연스레 뒤따라오게 된다. 매력적인 지역 만들기의 첫 시작은 '교육'이다. 아이 키우기 좋고 아이가 다 커서도 계속 살고 싶은 지역을 만들려면 교육을 통한 지역 활성화부터 고민해야 한다. 이 책이 말하는 '존중'은 동등 접근(교육·돌봄·문화의 접근권), 지역 고유성 반영(역사·문화·산업의 다양성), 참여(학생·학부모·교사·시민의 의사 반영), 생활권 연결(학교-지자체-대학-기업 협력)의 네 축으로 정리할 수 있다. 물론 저출생·고령화와 수도권 과밀로 인한 공동화는 교육만의 문제가 아니다. 그럼에도 지역의 삶을 회복하는 지속 가능한 경로는 거주지에 따른 권리를 보장하고 기회 격차를 줄이며(헌법상 균형 발전의 책무), 지역의 생활권·문화·산업을 교육 기획에 동등하게 반영하는 일, 곧 '존중' 원칙을 교육 체계 전반에 내장하는 일에서 출발한다. 다음 단계별 설계는 학교=돌봄·학습·재교육의 지역 거점이라는 방향을 구체화한 것이다.

지역 교육 단계별 설계

유·초등 단계에서 존중은 가족의 일상과 작은 학교의 현실을 있는 그대로 반영하는 운영으로 구현된다. 지역 교육청-기초지자체 협력 아래 학교 유휴공간을 리모델링해 돌봄교실·놀이·기초학습·보건 기능을 통합하고, 주말(토요일)·방학 장시간 운영을 포함한 공적 돌봄 프로그램을 표준화한다. 학생 수가 적은 학교는 권역별로 묶어 공동교육과정과 방과 후 프로그램을 함께 운영해 교육 접근성을 높이고, 방치되던 교실은 지역 아이들이 안전하게 모여 배우고 돌봄을 받는 생활권 거점으로 전환한다.

중·고 단계의 '존중'은 학생을 '서울로 보내야만 성공'이라는 서열 논리에서 해방시키는 교육 경험을 만드는 데 있다. 일본 나가노현 인구 10만 명의 도농복합도시 이이다시飯田市는 2012년부터 고교-대학-시(나가히메고 - 마쓰모토대 - 이이다시) 3자 파트너십으로 '지역인地域人 교육'을 운영한다. '지역인'은 지역을 사랑하고, 이해하며 지역에 공헌할 수 있는 인재를 뜻하며, 학생들은 학년별로 지역 이해 강의와 필드워크, 지역 문제 탐구, 실천·발표의 3단계 프로젝트를 거친다. 특히 상급학년은 7개 권역·10개 팀으로 나뉘어 교통 거점 '무토스 플라자' 활성화, 빈집 활용, 지역 전통산업 재생 등 실제 과제를 해결하고, 성과를 교과와 연계해 학술 대회·성과 발표회로 확산한다. 이 과정은 '4년제 대학이 없어 졸업생의 70퍼센트가 지역을 떠난다'는 현실을 정면으로 다루면서, 청소년이 지역을 배우고 지역에서 자신을 발견하도록 조직된 삶-기반 배움의 제도화 사례다. 결과적으로 학생들은 "졸업 후에도 연구 지역을 다시 찾고 싶다"는 소속감을 표현했으며, 지역사회도 학생 연구를 정책·산업 아이디어로 전용하며 선순환 구조를 만들고 있다. 따라서 우리도 작은 학교를 권역 네트워크로 묶어 공동교육과정을 정규 수업과 직조하고, 지역 문제 해결형 프로젝트를 체계화해야 한다. 이이다시 사례처럼 지역 자원-대학-지자체가 연계된 '권역형 학습 생태계'를 구축하면, 학생들은 지역 이해·자부심·진로 탐색을 동시에 확장할 수 있다. 이는 유·초등 돌봄 거점화와 연속성을 이루며, 중·고 단계에서 권역 내 이동·선택의 폭을 넓혀 학교를 지역공동체의 구심점으로 재정립하는 출발점이 될 것이다.

대학 단계의 존중은 '좋은 학생 선발'이 아니라 '좋은 인재 양성'이라는 책무를 명확히 하고, 지역의 산업·문화와 연결된 연구 중심 특성화로 구현된다. 광역권 차원의 메가시티-지역혁신플랫폼 모델은 대학들이 공유 대학 체제를 통해 온라인·오프라인 수업을 연동하고 취·창업과 연계된 융복합 전공을 운영하도록 설계한다. 학생은 전문대-사립대-국립 거점대 사이를 손쉽게 옮겨갈 수 있는 수평 이동 경로를 보장받아 학습과 경력의 연속성을 확보한다. 기업은 현장 실습·채용연계형 인턴십으로 교육과정을 공동으로 만들고, 지자체는 지역협업위원회 등 거버넌스의 실질적 주체로서 대학-기업-교육청을 중재한다. 이러한 광역 협력의 스케일이 축소될 경우(행정구역 단위로 환원될 경우) 생활권·산업권을 잇는 원래의 취지는 약화되므로, 대학 혁신은 권역 단위 협력을 기본 단위로 유지해야 한다. 아울러 교원·연구자 정주 여건(주거 및 가족지원)을 제도화해 인재 유입과 장기 재직의 기반을 갖춘다.

평생 단계에서 '존중'은 산업 변화 속에서 누구나 다시 배울 권리를 보장하는 것이다. 학교는 재교육-돌봄-지역거점의 역할을 통합하고, 대학·지자체·기업·교육청·특성화고가 참여하는 상설 협의체를 통해 인력 미스매치를 줄이는 재교육 체계를 운영한다. 현장 수요를 기반으로 직업교육-산학 협력-현장 실습을 병행하고, 계속교육·평생교육을 지역 대학들이 역할 분담하여 제공함으로써, 지역에서 배우고 일하고 정주하는 삶의 경로를 넓힌다. 중·고·대학 단계와의 연계(자격·학점의 상호 인정)는 생애주기 전반의 학습 이동성을 높이는 최소 조건이다.

지역 교육의 단계별 설계와 관련하여 지역 대학에 대해 좀더 집중적으로 탐색해보고자 한다.

지역 혁신의 중심, 지역 대학 재편

이제는 국가 경쟁력이 아니라 도시 자체의 경쟁력을 키우는 방식의 지역 개발이 대세로 자리 잡고 있다. 산업화 시대에는 한정된 자원을 수도권에 집중시켜 국가 경쟁력을 키웠다면, 세계화·지식정보화 시대인 지금 선진국들은 거점 도시를 중심으로 지역의 고유한 특성을 살리는 방식으로 국토의 재편을 설계하고 있다. 현재 선진국들이 도시 경쟁력을 키우려는 전략의 핵심도 인구 1000만 이상의 초광역권을 형성하는 앞서 언급한, 이른바 '메가시티' 구상이다. 프랑스도 지방의 인구 감소를 막고 인적 역량을 키우기 위해 광역권으로 통합해 정부 기능을 일부 이양하고 자치권을 확대하고 있으며, 일본의 경우에도 오사카시와 오사카부를 통합해 도쿄 일극 중심 체제에 대응하는 분권형 도시로 탈바꿈해 글로벌 거점도시로 거듭나려는 노력을 경주하고 있다.

앞선 말뫼의 사례가 인상적이지만, 한국이 직면한 문제는 단순히 새로운 대학을 만들어 해결될 문제가 아니다. 오히려 기존 대학들을 구조조정해야 하는 현실이다. 말뫼는 새로운 미래 신산업 비전 아래 대학을 만들고 생태도시, 재생에너지, 신산업 분야 등으로 방향을 설정하여 성공했다. 하지만 우리는 기존 대학들의 혁신 방안과 역할 분담을 고민해야 한다. 심각한 학령인구 감소 속에서 일부 사립대는 통합·전환·폐교까지 포함한 구조 재편이 불가피하다. 정부와 지자체는 학생·교직원의 학습권과 고용 안정을 지키면서도, 공공성·책무성을 조건으로 한 지원 프로그램을 마련해야 한다.

이를 위해 학사 이월·학점 인정 체계, 교직원 전환 배치 지원, 캠퍼스 자산의 공익 활용 모델 등을 담은 '대학 전환·재편 특별법(가칭)'과 같은 제도적 기반이 요구된다. 민간 사학 역시 자체 혁신 계획을 제출하고, 성과에 따라 단계적 재정확립과 세제 인센티브를 받을 수 있도록 책임-기반 상생 구조를 조직해야 한다. 말뫼처럼 하나의 도시 단위가 아닌, 전체를 아우르는 광역적인 메가시티 개념을 도입해 대학 혁신을 추진할 필요가 있는 것이다. 우리나라도 문재인 정부 후반에 메가시티 구상을 세우고 이를 뒷받침할 지역혁신플랫폼RIS을 구축하여 지자체와 대학, 다양한 지역 기관이 협력해 지역의 혁신 모델을 자율적으로 개발, 운영하도록 지원했다. 지역 혁신 기관들이 역량을 결집해 지역 인재 양성－일자리 창출－정주로 이어지는 지역 재생의 선순환 구조를 구축하기 위해 운영된 RIS 사업은 학생에게는 폭넓은 학업의 장을, 기업과 대학에는 인재 양성의 기회를, 지역에는 발전의 발판을 만들 수 있는 기회를 제공할 목적으로 기획되었다.

2020년부터 시작된 이 사업으로 울산·경남, 광주·전남, 충북, 대전·세종·충남의 4개 RIS가 구축되었는데, 울산·경남은 스마트엔지니어링, 스마트제조ICT, 미래모빌리티, 저탄소 그린에너지를 핵심 분야로 하고 지역 대학들이 공유 대학 모델을 만들어 온라인 교육 인프라와 지역 내 기업들과 협업 체계를 기반으로 학부생들을 상대로 융복합 전공과정을 진행했다. 이 공유 대학을 수료하면 지역 기업에 취업하는 혜택을 부여하여 실제로 일부 학생이 LG전자 채용연계형 인턴십을 거쳐 정규직으로 채용된 바 있다. 이 밖에도 광주와 전남에서는 에너지신산업, 미래형운송기기 등을 핵심 분야로 하고 6개 융합전공을 개설했으며, 충북은 제약바이오, 정밀의료기기, 화장품·천연물 등 바이오헬스 산업을, 대전·세종·충남 플랫폼에서는 미래교통수단 혁신 생태계 조성을 목표로 모빌리티 소재 부품 분야와 정보통신 분야 산업의 혁신을 추진하도록 했다.

윤석열 정부도 이 사업의 중요성을 인식하고 지역혁신중심 대학지원체계RISE 사업으로 이어받았으나 사업 대상 범위를 광역자치단체 단위로 축소함으로써 애초의 취지를 무색하게 했다. 기존의 행정 편의적 구획 단위를 벗어나 산업권, 생활권을 엮는 메가시티로 지역을 재구축하려는 구상이 RISE 사업으로 인해 다시 협소한 틀로 갇히게 된 것이다. 이는 교육을 산업과 생활을 견인하는 동력이 아니라 정치공학적 개입으로 경제 정책에 종속시키며 교육 정책을 희생시킨 과거 권위주의 정부의 행태를 답습하는 결과를 초래하고, 결국 지역 회생 또한 물 건너가게 될 것이다.

지역 대학 혁신에 있어서 또 하나의 과제는 지자체가 지역 대학 역량 강화를 주도할 수 있도록 행정적, 재정적 기반을 키워야 한다는 점이다. 노무현 정부 이후 지역 대학 육성 정책이 꾸준히 시행되었지만 중앙 정부 주도로 이뤄지다보니 지자체가 대학 생태계 전반에 대한 이해가 깊지 못해 대학과의 협력이 원활하지 못했던 것이 사실이다. 문재인 정부에서는 지자체가 RIS 사업의 최고 의사결정기구인 '지역협업위원회'의 공동위원장 역할을 맡아 참여 대학과 지역협업기관을 연결하고 중재하도록 함으로써 지자체의 위상을 핵심 주체로 승격시켰다. 그러나 여전히 중앙부처 중심성이 남아 있어 지자체를 뒷받침할 지원체계가 부족하다는 한계를 남겼다.

학교를 지역공동체의 구심점으로 만든 지자체

교육의 목적은 일류 대학 진학이나 대기업 취업 등 사회경제적 성공이 아니라 자신이 속한 사회를 기반으로 행복하게 살아가는 힘을 키우는 것이다. 삶과 괴리된 지식만 익힐 것이 아니라 삶에 기반한 배움이 필요한 이유가 여기에 있다. 지역에서 살아가는 아이들이 자기 삶의 터전을 사랑하고 자긍심을 키울 수 있도록 지역 교육과 학교교육을 연계하는 작업도 진행되어야 한다. 그래야 지역에서 성장한 아이들이 지역의 주체로서 지역사회의 문제 해결에 적극적으로 참여하고 지속 가능한 발전의 주체가 될 수 있는 것이다.

국내 사례로는 학교를 지역공동체의 구심점에 놓고 기초자치단체가 획기적인 교육 정책으로 소멸 위기의 마을을 살린 강원도 화천군이 손꼽힌다. 5개 읍면에 인구 2만2942명이 사는 접경 지역의 작은 군으로 주민의 상당수가 군인 가족이다. 부대 해체나 재배치로 전학 가는 아이들이 늘면서 학교 통폐합과 함께 마을 소멸 문제가 현실화되자 화천군은 육아와 교육이 살 길이라 판단하고 교육 복지 정책에 포커스를 맞췄다. 2015년에 전국 지자체 중 가장 먼저 교육복지과를 신설하고 '아이 기르기 가장 좋은 화천 만들기'를 위한 10개년 계획을 세워 본격적인 보육, 교육정책을 추진했다.

화천군은 출산 장려금 같은 일회성 재정 지원보다 아이를 낳고 키우는 데 필요한 지원들을 제공하는 데 초점을 두었다. 공공산후조리원을 가동하여 산모를 지원하고 지금은 모든 지역에서 하는 초등 방과 후 프로그램, 고등학교 교육비와 교복비 지원을 전국 최초로 시행했고, 음악 교육 프로그램, 토론 강좌는 물론 무상 통학 버스 및 교통비 지원, 원어민 영어 교육과 해외 배낭여행, 중학생 어학연수 등 다양한 방식의 돌봄과 교육을 지원했다. 뿐만 아니라 서울 학원 수준의 방과 후 학습 지원을 위해 기숙관을 운영하는가 하면 대학 4년치 등록금 전액을 지원하는 '전국 첫 대학 무상교육'을 실시하고 매월 50만 원까지 월세도 지원했다. 해외 대학에 진학하면 유학비도 지원해준다. 2024년에는 전국 최초로 지자체 주도 온종일 돌봄 시설인 화천커뮤니티센터를 건립해 맞벌이 부모의 부담을 덜어주고 있다. 이렇게 지난 10년간 교육 복지에 총력을 기울인 결과, 합계 출산율 1.51로 전국 시·군·구 자치단체 중 3위를 기록했다. 오로지 교육에 희망을 걸고 이룬 성과다.

강원도 산골 화천에서 나고 자란 아이들이 도시의 대학으로 나간 후 다시 고향으로 돌아올 가능성은 높지 않다. 군 당국도 그런 기대를 하지 않는다. 당장의 지역 소멸을 막는 것으로도 정책 효과는 충분하다. 그러나 이곳에서 자란 아이들이 어디서 살든 자신을 돌보고 키워준 화천 군민에 대한 고마움과 화천 출신이란 자부심을 잃지 않는다면, 화천의 지역 교육력은 지금은 헤아릴 수 없는 무한한 잠재력으로 되돌아올 것이다. 지역이 더 이상 과거의 퇴물이 아니라 현재성을 재발견하는 유산이자 새로움을 창출하는 터전이라는 인식, 이런 생각의 전환이 지역 부활의 동력이 될 것이다.

기초자치단체가 지역 교육 문제에 적극적으로 대응한 또 다른 사례로 밀양과 남해가 있다. 학교를 마을 돌봄의 거점으로 재구성해 학교와 지역사회가 함께 아이를 돌보는 교육과 복지 협력 모델을 만든 것이다.

스쿨버스가 멈춘 곳은 밀양시 삼문동 '밀양 다봄센터'. 초등학교 5학년인 연서는 방과 후에 이곳에 들러 외국어와 방송 댄스를 배운다. 우크라이나인인 연서의 어머니는 저녁 늦게까지 대형 마트에서 일한다. 2025년 5월 다봄센터가 문을 열기 전까지 연서는 방과 후에 주로 혼자 집에서 인터넷을 했다. 연서가 영어와 방송 댄스를 배우는 다봄센터에는 인근 10여 개 학교에서 온 친구들도 함께다. 덕분에 친구를 사귈 기회도 크게 늘었다.

경남도교육청과 밀양시는 18억 원을 들여 밀양초등학교 도서관을 리모델링해 돌봄 교실과 놀이공간, 보건실 등을 조성했다. 주말에도 일이 많은 농촌 여건을 고려해, 토요일도 오전 8시부터 오후 1시까지, 방학 중에는 오전 8시부터 오후 8시까지 돌봄 커리큘럼이 제공된다. 학생 수 60명 이하의 작은 학교들을 권역별로 묶어 공동교육과정과 방과 후 프로그램을 함께 운영한다. 같은 시기 남해군에 문을 연 '아이빛터'도 초등학교 학생들의 방과 후를 책임진다. 댄스·국악·뉴스포츠·컴퓨터·영어 등 다양한 과정을 계속 늘려가고 있다. 남해 아이빛터와 밀양 다봄센터 모두 경남교육청이 기초지방자치단체 및 교육지원청과 협력하여 추진한 지역 맞춤형 공적 돌봄 모델 공모사업이다. 학교의 유휴 공간을 리모델링해 공간을 조성하고, 방과 후 돌봄 수요 증가, 저출생, 인구 감소 등 지역사회의 복합적인 문제를 반영한 것이 특징이다.

경남교육청은 "남해 아이빛터와 밀양 다봄센터는 지역 여건에 맞춘 돌봄 실험이자, 교육청과 지자체가 함께 만들어낸 협력의 결실이다"라며 "앞으로도 다양한 형태의 공적 돌봄 모델을 지속적으로 발굴하고 확산하겠다"라고 밝혔다.

지속 가능한 공공 돌봄 시스템이 하나둘 자리를 잡고 있다. 나아가 이 공간을 즐겁고 안전한 지역 공동체의 장으로 만들어야 한다.

생활권에서 시작하는 존중의 사다리

말뫼의 전환은 '대학 하나'가 아니라 생활권을 기준으로 교육–일자리–정주를 재배치한 선택이었다. 쇠퇴의 징후를 숫자로만 응시하지 않고, 시민의 일상을 중심에 두어 권역의 흐름을 다시 잇자 인구와 활력이 회복되었다는 점이 핵심이다. 한국의 지역 정책도 생활권 중심과 존중의 원칙을 전제로 삼아야 한다는 함의를 남긴다.

여기서 말하는 존중은 거주지에 따른 권리·기회 격차를 줄이고, 지역의 역사·문화·산업을 교육 기획에 동등하게 반영하는 규범이다. 이를 실행으로 번역하면, 유·초등은 공적 돌봄과 학교 공간의 지역 거점화, 중·고는 권역 공동 교육과정과 지역 과제 학습, 대학은 공유 대학·연구 중심 특성화·수평 이동·산학연 결합, 성인은 재교육의 일상화로 이어진다. 핵심은 단계 간 연결을 행정구역이 아니라 생활권에서 맞물리게 하는 것이다.

이 사다리가 작동하려면 권역 협력(메가시티–RIS)을 기본 단위로 유지하고, 지자체가 지역협업위원회 등에서 대학·기업·교육청과 함께 실질적 주체로 기능해야 한다. 동시에 '좋은 학생 선발'이 아니라 '좋은 인재 양성'이라는 대학의 책무, 교원과 연구자 정주 여건과 데이터 기반의 인력 수급 기획을 제도화해야 한다. 규모를 시·도 단위로 축소하는 방식은 생활권과 산업권을 잇는 취지를 약화시킬 위험이 있으므로 경계가 필요하다.

결국 '지역 소멸·수도권 과밀·지역의 삶 품기'의 해법은 인구 숫자 자체를 붙드는 데 있지 않다. 말뫼의 '내일의 도시'가 그랬듯, 교육을 중심으로 삶의 전 영역을 다시 잇는 설계가 도시와 지역을 재생시킨다. 텅 빈 교실과 골리앗 크레인이 남긴 질문, '저출생·고령화 시대, 학교의 주인은 누구여야 하는가'에 답하려면, 우리는 생활권에서부터 존중을 제도화하는 사다리를 지금 여기서 세워야 한다.

3부

자람

"'이야기'는 학교에서만 끝나지 않는다.
우리가 아이들에게 공감과 창의를 길러주려는 까닭은,
결국 성인이 되어서도 '자기 삶의 서사'를 끊임없이 쓰고
고쳐 가도록 돕기 위해서다."

4. 질문·데이터·피드백
: AI 시대 역량 중심의 학습 생태계 설계

AI는 '정답을 찍어-내는 기계'가 아니다. "2022 개정 교육과정"이 제시한 여섯 가지 핵심 역량(자기 관리·지식정보처리·창의적 사고·심미적 감성·협력적 소통·공동체 역량)을 목표 함수로 삼을 때, AI는 학습자의 역량을 촉진하는 파트너로 재정의된다.

이를 위해서는 먼저 '무엇을 최적화할 것인가'라는 질문을 통해 교육의 가치와 역량 지향점을 분명히 해야 한다. 다음으로 '어떤 증거로 성장과 목표 달성 여부를 확인할 것인가'를 고민하며, 전통적인 지필 평가를 넘어 센서 로그, 프로젝트 산출물, 협업과정에서 생성되는 피드백 등 다층적 데이터를 통합 관리하는 데이터 시스템을 구축해야 한다. 마지막으로 '그 증거를 어떻게 해석하고, 학습자에게 어떤 피드백으로 되돌려 줄 것인가'에 답해야 한다. AI가 실시간 분석으로 패턴을 추출하면, 교사는 그 결과를 교육적·윤리적 맥락에서 재해석하여 학생에게 추가 질문, 설계 제안, 성찰 과제를 제시한다.

이렇게 질문·데이터·피드백이 유기적으로 엮인 학습 파이프라인을 생성할 때 비로소 AI의 힘을 빌려 아이들이 함께 성장하는 학교가 가능해진다. 이번 글은 이러한 생태계 설계 원칙과 실제 정책·현장 사례를 바탕으로, AI 시대 교육이 나아가야 할 청사진을 제시하고자 한다.

AI가 동료가 된 시대

얼마 전, 한 고등학생과 과제 수행에 대해 이야기를 한 적이 있다. 그 친구는 나에게 AI를 활용하여 과학 탐구 보고서를 작성하는 과정을 보여주었다. 패드 화면 속 지피티GPT-5와 이전 모델을 필요에 따라 선택하면서 음성으로 질문하고, 그 결과를 토대로 여러 AI 툴에 적용하면서 이미지 자료를 자동 생성하고, 표와 그래프를 엑셀에 넣은 뒤 발표 슬라이드까지 완성해내는 과정은 적잖이 충격적이었다. 키보드나 마우스를 거의 쓰지 않고도, 음성과 영상, 파일과 앱, 인터넷 검색과 요약까지 모두 연결된 하나의 '동료'처럼 AI는 행동하고 있었다.

2025년, 세계는 다시 한번 AI로 요동치고 있다. 지피티-5와 그 경쟁작들은 더 이상 '대화형 AI'에 머물지 않는다. 실시간 멀티 모달 처리에 더해 문맥 인식과 도구 실행, 복잡한 작업 자동화까지 가능한 에이전트형 AI의 시대가 본격화되고 있다. 말과 글, 이미지와 영상, 앱과 디바이스가 하나처럼 연결되며 사람과 AI가 마치 협업 파트너처럼 공존하는 환경이 일상으로 들어왔다.

하지만 이 변화는 단지 생성형 AI의 진화만으로 설명되지 않는다. 대규모 데이터를 분석하고 예측하는 비생성형 AI,

사용자 정보를 기기 안에서 안전하게 처리하는 온디바이스 AI, 실제 공간에서 보고 듣고 움직이는 로보틱스형 AI까지 다양한 기술들이 함께 결합될 때 우리는 업무, 학습, 생활 방식 자체가 재정의되는 전환을 목격하게 된다. 대표적으로 현대자동차는 울산 공장에 AI 기반 스마트팩토리 '이포레스트e-Forest'를 구축하며 제조업의 일하는 방식을 전면적으로 재구성하고 있다. 이 공장에서는 AI가 생산 데이터를 실시간으로 분석해 불량률을 예측하고, 공정을 자동 제어한다. 로보틱스형 AI는 사람과 협업하며 반복적이고 위험한 작업을 대신 수행하고, 각 장비에는 온디바이스 AI가 내장되어 스스로 판단하고 반응한다. 이처럼 예측형·로보틱스·온디바이스 AI가 결합된 시스템을 통해, 과거에 사람이 직접 조립하고 통제하던 생산 구조는 'AI 중심의 유연생산체계'로 전환되고 있다. 단순히 생산성이 향상된 것이 아니라, 인간이 수행하던 일 자체의 정의가 바뀌고 있는 것이다.

이제 질문은 명확해진다. AI 시대, 교육은 무엇을 바꿔야 하는가? 그것은 지식의 축적이 아니라 질문하고 탐색하며, 협업과 검증을 통해 새로운 의미를 만들어내는 능력, 즉 AI와 함께 자라는 역량 중심의 학습 설계다. 교실의 목표, 수업의 구조, 평가의 원칙이 이 방향으로 재정렬될 때, AI는 단순한 도구가 아니라 학생의 성장을 이끄는 촉진자로 자리

잡을 수 있다.

모든 일에 AI가 온다

2025년, 인류는 'AI 빅뱅'의 두 번째 파동 한복판에 서 있다. 8월 7일 공개된 지피티-5는 시각·영상·공간 추론까지 아우르는 초다능 모델로, 텍스트·음성·이미지·영상·코드 입력을 실시간으로 엮어낸다. 2월 출시된 소라Sora는 최대 60초 분량의 고화질 영상을 텍스트만으로 생성했고, 앤트로픽의 클로드 3.5 소네트Claude 3.5 Sonnet는 중상위 가격대에서 최고 성능을 기록하며 벤치마크를 갈아치웠다. 구글도 제미나이 1.5 프로Gemini 1.5 Pro를 업데이트해 개발자 API 비용을 낮추고 200만 토큰 장문·영상·코드 처리를 지원한다. 이렇게 탄생한 차세대 모델들은 사용자의 지시를 분석해 필요한 도구를 호출하고 결과물을 완성하는 'AI 에이전트' 시대를 본격화하고 있다.

마이크로소프트는 이 흐름을 "온디맨드 인텔리전스on-demand intelligence", 즉 필요할 때 사서 쓰는 디지털 노동력으로 규정한다. 2025년 Work Trend Index는 인간과 에이전트가 한 팀을 이루는 신종 조직을 '프런티어 기업Frontier Firm'이라

부르며, 직원 각자가 '에이전트 보스agent boss'로 거듭나는 업무 설계를 제시했다. 실제로 전 세계 경영진의 46퍼센트는 이미 업무 프로세스나 부서를 AI로 완전 자동화 중이며, 82퍼센트는 12~18개월 내 조직 전반에 에이전트를 도입할 계획이라고 답했다

이 거대한 전환은 2025년 1월 라스베이거스에서 열린 CES 2025에서 극명히 드러났다. AI가 탑재된 출품작은 전년 대비 50퍼센트 이상 늘어 "AI 없는 부스가 없다"는 말이 나왔고, 가전·모빌리티·헬스 케어를 넘어 욕실 용품·주방기기·크루즈 서비스까지 AI가 녹아들었다. 미국과 EU, 중국의 고위 관료들은 현장에서 AI 표준과 규제 방향을 놓고 치열한 수 싸움을 벌여, CES가 단순 전시회가 아닌 글로벌 AI 각축장으로 격상됐음을 보여줬다.

패권 경쟁의 변곡점은 중국 스타트업 딥시크DeepSeek가 만들었다. 1월 27일, 이 회사가 560만 달러 이하 비용으로 학습한 초저가 대규모 언어 모델LLM 'R1'을 발표하자 엔비디아 주가는 하루 만에 17퍼센트 급락했고, 시가총액 약 5890억 달러가 증발했다. 시장은 'GPU(그래픽처리장치) 규모가 곧 경쟁력'이라는 공식을 버리고 '비용·효율'의 새 게임 룰을 받아들이기 시작했다.

한국도 뒤지지 않는다. 이재명 정부는 2025년 8월 경제

정책 방향으로 5년간 100조 원 규모의 민관과 관영 AI 투자 펀드 조성을 선언하며 "2030년 세계 3대 AI 강국"을 목표로 내걸었다. 반도체·로봇·데이터센터·지역 특화 인재 10만 명 양성 등 30대 전략 과제가 추진되며, 정책 우선순위에서도 AI 관련 과제가 최대 비중을 차지한다.

AI의 확산은 노동시장에 양면 효과를 드러낸다. 세계경제포럼WEF은 2027년까지 6900만 개 일자리가 새로 생기고 8300만 개 자리가 사라져 순감 1400만 개 자리(-2퍼센트)를 예상한다. 그러나 매킨지 연구진은 생성형 AI가 연간 2.6~4.4조 달러의 경제 가치를 창출하고, 글로벌 GDP를 장기적으로 7퍼센트 끌어올릴 잠재력이 있다고 본다.

현장 사례는 이미 속출한다. 아이비엠IBM은 백오피스 직무 7800개를 AI가 대체할 수 있다며 해당 영역 채용을 중단했고, 스웨덴 핀테크 클라르나Klarna는 고객센터 직원 700명을 AI 챗봇으로 대체했다가 품질 저하로 일부 인력을 재채용하는 진통을 겪었다. 화이트칼라를 향한 타격이 예고가 아닌 현실이 된 셈이다.

그럼에도 AI 활용은 빠르게 생활 깊숙이 파고들고 있다. 국내 조사에 따르면 2025년 5월 기준 국민의 24퍼센트가 생성형 AI를 사용해본 경험이 있으며, 직장인 대상 조사에서는 63.5퍼센트가 업무에 AI를 쓰고 있다고 응답했다. 정보

검색·문서 작성·번역이 주 활용처이지만, 코딩·데이터 분석·창작 콘텐츠 제작으로 범위가 넓어지는 중이다.

결국 AI는 제품에 부착된 '기능'이 아니라, 산업·조직·개인의 운영체제로 자리 잡아 가고 있다. 국가 차원에서는 반도체-클라우드-모델-데이터를 아우르는 풀스택 인프라와 윤리·안보 거버넌스가 경쟁력을 좌우한다. 기업은 에이전트를 동료로 받아들이는 조직 재설계와 전 직원의 AI 리터러시 확장이 필수이며, 개인에게는 '일 잘하는 법'이 아닌 'AI를 잘 활용하는 법'이 생존 스킬이 된다. 포용적 제도와 재교육 체계를 갖추면 AI는 생산성 도약의 장치가 될 것이고, 그렇지 못하면 불평등과 불안의 증폭 장치로 돌변할 것이다. 방향키는 여전히 사람과 제도가 쥐고 있다.

AI의 새로운 격전지, 교육

AI가 일상 깊숙이 스며들면서 교육은 빅테크의 새 격전지가 됐다. 비즈니스 인사이더Business Insider가 "교육이 오픈AI·구글·마이크로소프트의 차세대 전장"이라 규정한 배경엔, 불과 14개월에서 5주로 압축된 초단기 출시 경쟁이 있다. 칸 아카데미Khan Academy는 2023년 3월 14일 '칸미고

Khanmigo' 파일럿을 공개한 뒤, 2024년 5월 21일 교사에게 무료 버전을 정식 출시하며 시장을 가장 먼저 선점했다. 마이크로소프트는 2025년 3월 3일 교사용 AI-에이전트 빌더, 코파일럿 스튜디오copilot Studio를 일반 대중에게 공개했고 6월 25일 'Copilot Chat for Education'을 13세 이상 학생에게 구글 애널리틱스GA를 통해 무료로 배포했다. 이어 8월 14일 Studio의 교육용 GA 일정을 공식화해 '교사-에이전트-학생' 생태계 락인Lock-in을 노렸다. 구글은 2025년 6월 30일 국제교육기술협회ISTE 콘퍼런스에서 'Gemini for Education'을 발표, 맞춤 퀴즈·AI 수업안·영상 개요를 즉시 제공하며 동일 분기에 진입했다. 오픈AI는 2025년 7월 31일 챗지피티ChatGPT에 '스터디 모드Study Mode'를 도입해 대규모 업데이트를 단행했고 '질문 유도 → 소크라틱 피드백 → 맞춤 퀴즈'로 이어지는 개인 튜터 기능을 강화했다.

이처럼 5주 남짓한 기간에 연달아 터진 AI 업데이트는 우연이 아니다. 미국·유럽 학교가 8~9월 예산으로 새 학년도 솔루션을 확정하는 시기를 겨냥해, 각 사가 "세계 최초 무료" "학생 전면 허용" 등의 슬로건으로 교사와 학생을 겨냥한 전략적인 마케팅이다. 결과적으로 2025년 현재 교육-AI 시장은 칸미고-제미나이-코파일럿의 세 축에 챗지피티 스터디 모드가 가세한 4강 구도로 재편되었고, 교육 주체를 둘러싼 플랫폼 경쟁은 한층 더 가열되고 있다.

특히 스터디 모드는 기존 챗지피티가 '빠른 정답'에 집중하던 방식을 뒤엎고, 학생의 호기심을 자극해 이해 기반 학습을 만든다. 정답을 요구하면 "여기는 배우는 공간"이라는 안내와 함께 재질문을 유도하고, 수준 맞춤 설명과 퀴즈로 학습 여정을 촘촘히 안내한다. 오픈AI 교육 부문 부사장 리아 벨스키Leah Belsky의 표현대로 "지치지 않는 개인 튜터"가 현실화된 셈이다.

미국은 즉각 움직였다. 뉴햄프셔주 교육청은 칸 아카데미와의 협약을 1년 연장해 2025~2026 학년도까지 칸미고를 무상 보급하기로 했고, 텍사스 A&M 대학은 2025년 8월부터 마이크로소프트 코파일럿 챗Microsoft Copilot Chat을 전 교직원·학생 포털에 기본 탑재했다. 오픈AI '스터디 모드' 출시를 계기로 다수 대학이 "AI를 학습 도구로는 허용하되 평가 단계에서는 제약을 둔다"는 허용형 AI 가이드라인을 잇달아 발표하면서, 칸미고·코파일럿·스터디 모드를 필요에 따라 조합하는 멀티 벤더 모델이 빠르게 자리 잡고 있다.

유럽은 속도보다 규범을 앞세웠다. EU 집행위원회는 2025년 8월 'AI 윤리 가이드라인'을 발표해 데이터 보호, 편향 점검, 학습 목표 정합성을 AI 도입의 최소 요건으로 제시했다. 영국에서는 옥스퍼드대학 AI 연구소가 같은 달 내부 온라인 세미나를 열어 구글 제미나이 등 여러 플랫폼을 시연했고, 그리스와 키프로스 교육 당국은 여름 동안 Google for Education과 공동으로 온라인 교사 연수에서 Gemini for Education 데모 세션을 진행했다. 반면 독일 교육장관회의KMK는 2024년 4월 가이드라인을 채택해 "파일럿 프로젝트와 교원 역량 강화를 우선한다"는 원칙을, 프랑스 교육부는 EduFormAI 시범학교 운영 후 규제·윤리 요건이 명확해질 때까지 전국 보급을 미루겠다는 방침을 유지하고 있다.

종합하면, 미국은 빠르게 실사용·가이드라인 갱신으로, 유럽은 규범·파일럿 우선 전략으로 대응하면서도, 두 지역 모두 플랫폼을 단일화하기보다 다양한 AI 도구를 과목·목적별로 조합하려는 흐름으로 수렴하고 있다. 결국 미국은 '경험으로 빠르게 개선한다'는 실전 배치 전략으로, 유럽은 '규범을 먼저 설계한다'는 신중 확산 전략으로 갈라졌다. 어느 쪽이 주도권을 쥘까. 그것은 미국식 속도와 락인 효과가 더 빨리 교육 성과를 증명할지 혹은 유럽식 윤리·표준 프레임이 장기적 신뢰를 확보할지가 판가름할 것이다.

과속·획일·소통 부재가 남긴 균열

대한민국 교육에서 AI는 어떤 양태로 존재하고 있을까? 교육부는 2023년 6월 인공지능AI 디지털교과서(이하AIDT) 추진방안을 발표했다. 2025년 수학, 영어, 정보, 국어(특수교육) 교과에 우선 도입, 2028년까지 국어, 사회, 역사, 과학, 기술, 가정 등으로 확대하고, 담당교원 연수, 맞춤형 교수학습개발 등 학교 현장 안착을 위한 지원 추진이 주요 골자였다. 정부는 세계 최초라는 수식어를 내걸었지만, 시범개발·검정 기간이 1년에도 못 미치는 시간이었다. 세계 최초를 목표로 한 이례적인 속도였다. 최소 1년 이상이 소요되는 통상적인 교과서 개발과정을 고려하면 지나치게 빨랐다.

결국 전면 도입을 밀어붙인 속도는 네 가지 구조적 한계를 낳았다. 첫째, 과속이다. 예산이 2024년 말에 확정된 뒤 2025년 3월 곧바로 초·중·고 영어·수학·정보 과목에 투입되기까지 불과 석 달 남짓이었는데, AI 교과서처럼 알고리즘-적응형 콘텐츠를 정상 절차대로 개발·검증하려면 최소 18개월이 필요하다는 국제 권고를 전부 생략했다. 그 결과 오답·난이도 불일치가 교실마다 적발됐고, 교사와 학생은 사용법부터 혼선을 빚었으며, 결국 8월 국회가 법적 지위를 '교과서'에서 '교육 자료'로 격하한 것은 '품질 검증 없이 밀어붙였다'는 정책 실패를 스스로 인정한 셈이 됐다.

둘째, 획일성이다. 초등 저학년과 일부 과목 특성에 따라 활용했다고 하지만 학생의 발달단계와 교과의 특성을 종합적으로 고려하지 않고, 대부분 일괄적 플랫폼을 적용하면서 매체 활용의 기본 원칙을 무시했다는 비판이 거세졌다. 스웨덴·프랑스 등 유럽 국가가 초등학생의 디지털 기기 사용을 제한하고 종이 교재 사용을 고수하는 정책을 펼치는 배경을 검토할 필요가 있다. 학생의 발달단계, 교과 특성에 대한 검토와 치밀한 시범 적용과정, 그리고 학교와 교원들의 현장 수용 여부에 대한 검토 없이 일괄적으로 밀어붙이는 정책이 성공하기는 결코 쉽지 않다.

셋째, 현장 소통의 부재다. 현행 직무연수 기준인 30시간 교육은커녕 두세 시간짜리 온라인 안내만 제공된 학교가 다수였고, 태블릿·네트워크 예산도 뒤늦게 내려와 "콘텐츠도, 활용법도 모른 채 플랫폼만 내려왔다"는 교사 불만이 폭발했다.

넷째, 지역 격차다. 전면 확대를 선언한 대구교육청은 "신청하지 않으면 추후 예산·평가에서 불이익이 있을 수 있다"는 구두 지침까지 동원(대구 교사노조 설문 현장조사 결과)해 전체 학교의 98퍼센트가 AIDT를 '신청'하도록 만들었으나, 교사 설문 결과 수업 시간에 꾸준히 활용한다는 응답은

20퍼센트대 초반에 그쳤다. 반대로 세종교육청은 "교육 효과와 개인정보 안전성을 먼저 검증한다"는 방침 아래 학교 자율에 맡겼고, 그 결과 도입율이 8퍼센트에 머물렀다. 동일한 국가정책이라도 한쪽은 '행정 압박을 통한 속도'에, 다른 한쪽은 '신중 검증'에 무게를 두면서 접근 기회와 현장 체감이 극단적으로 갈렸다. 이 대비는 빠른 도입이 곧 공정한 도입을 담보하지 못한다는 사실을 분명히 보여주었다.

교육청들은 교육부의 과속 정책이 남긴 공백을 나름의 전략으로 메우기 시작했다.

시·도교육청의 대응은 달랐다. 대구교육청은 앞서 언급한 것처럼 'AI 교육 선도 도시'를 내세워 모든 학교가 AIDT를 신청하도록 독려해 신청률은 매우 높았지만 활용률은 낮았다. 반면 서울교육청은 2025년 6월 발표한 'AI·디지털 기반 교육 기본계획'에서 AIDT 적용 범위를 영어·수학으로 제한했다. 최근 부산교육청은 수업 콘텐츠보다 교무·행정 혁신을 우선순위에 두었다. 2025년 9월 전 학교와 교육지원청에 자체 AI 비서 '펜지피티PenGPT'를 개발해 공문·성적 처리 등 행정 문서 307종을 자동화하고, 수업용 AI 확산은 2단계 과제로 유보했다. 이에 비해 세종·강원교육청은 도입률이 10퍼센트 내외에 머물지만 'AI 교과서 효과 연구 학교' 샌드박스를 운영해 개인정보 보호와 알고리즘 편향 검증을 선행하는 EU식 신중 전략을 유지하고 있다.

결국 한쪽 끝에는 '속도·규모'를 앞세운 대구가, 다른 끝에는 '근거·윤리'를 중시하는 세종·강원이 자리하며, 그 사이에 제한형(서울)과 행정 우선형(부산)이 포진해 있다. 동일한 국가정책도 지역의 행정 문화와 교육 철학에 따라 전혀 다른 궤도로 굴절된다는 사실이 드러난다. AIDT의 빠른 보급이 곧바로 공정한 학습 기회를 담보하지 않는다는 시·도 간 온도 차는 앞으로 속도와 품질, 사유와 질문 중심 수업, 윤리적 관점 가운데 무엇을 우선할 것인가라는 본질적 질문을 우리에게 던지고 있다.

AI와 아이들이 함께 자라기 위해서는

독일의 대문호 괴테는 "인생은 속도보다 방향이다"라고 말했다. 개인이든, 기업이든, 국가든 이 명제는 여전히 유효하다. 교육과 AI가 그리고 아이들과 AI가 함께 자라기 위해 가장 먼저 결정해야 할 것도 결국 방향이며, 그 방향을 좌우하는 핵심은 비전이다. 비전을 세우려면 무엇보다 본질을 직시해야 한다. 교육의 본질이란, 가치 지향적 목표 아래 학습자가 이해·판단·행동 역량을 형성하도록 돕는 과정이다. 반면 AI의 본질은, 미리 정의한 목표 함수를 기준으로 방대한 데이터를 학습해 예측·생성·결정을 최적화하는 체계다. 이처럼 서로 다른 두 본질이 실제 학교 현장에서 만나는 지점은 목표–증거–피드백을 설계하고 운영하는 인터페이스다.

우리가 AI 시대의 교육을 재설계할 때 가장 먼저 해석해야 할 것은 '무엇을 최적화할 것인가'라는 질문이다. 이는 우리의 교육목표가 무엇인가로 귀결된다. 2022 개정 교육과정은 미래 사회 변화에 적극적으로 대응하는 역량 강화를 목표로 한다. 이에 따른 핵심 역량을 자기 관리 역량, 지식정보처리 역량, 창의적 사고 역량, 심미적 감성 역량, 협력적 소통 역량, 공동체 역량으로 규정했다. 이러한 역량의 지표를 목표 함수로 설정하면, AI는 정답 공급자가 아니라 역량 촉진자로 작동한다. 이어서 '어떤 증거로 학생의 성장과 목표 달성 여부를 확인할 것인가'라는 문제에 직면한다. 텍스트 출력이나 선택형 시험으로는 역량을 온전히 포착할 수 없기에 센서 로그·프로젝트 산출물·협업과정의 상호 피드백 같은 다층적 데이터를 증거 체계에 포함해야 한다. 마지막으로 '그 증거를 어떻게 해석하고 학습자에게 어떠한 피드백으로 되돌려줄 것인가'라는 과제가 남는다. AI가 실시간 분석으로 맞춤형 추천을 제공하고, 교사는 그 결과를 교육적·윤리적 관점에서 해석해 학생에게 돌려줄 때, 피드백은 단순 점수가 아니라 추가 질문, 설계 제안, 윤리적 논점이 된다.

몇 해 전, 한 중학교 교사의 수업 설계과정을 들여다볼 기회가 있었다.

그는 국가·지역·학교·교사 수준으로 이어지는 교육과정의 큰 흐름 속에서, 자신만의 연간 수업 계획을 설계하고 실행에 옮기는 과정을 보여주었다. AI 활용은 물론 다양한 디지털 도구를 적극적으로 활용하면서도, 수업 목표는 물론 성취 평가 및 피드백 등 수업이 추구하는 바를 달성하기 위한 '교사'의 관점과 치밀한 설계가 인상 깊었다. 그는 국가 수준 교육과정이 제시하는, 자기관리·지식 정보처리·창의적 사고·심미적 감성·협력적 소통·공동체라는 여섯 가지 핵심 역량을 각각 '창의'와 '융합'의 하위역량으로 구분하고, 이를 다시 독창성, 실생활 연계 등 8개 항목의 목표 행동, 루브릭Rubric(채점 또는 평가 기준표)으로 구체화하는 과정을 보여주었다. 이 과정에서 일부 항목은 "챗지피티로 초안을 돌렸다"며 웃어 보였다. 그의 수업 설계에는 학교가 자체로 설정한 교육 비전, 자기 학년이 설정한 중점 역량, 그리고 이 체계와 연계한 자신의 과목(국어)이 추구하는 수업 목표 등의 정교한 실행계획이 모두 담겨 있었다. 반별·학생별로 설정된 성취 역량 요소와 이에 연계된 평가 방법, 그리고 그 결과에 대한 맞춤형 피드백 방안까지가 촘촘한 톱니바퀴처럼 연결되어 있었다.

특히 '교·수·평·기', 즉 교육과정·수업·평가·기록의 일체화를 실현하기 위해, 수업마다 학생 개인 피드백을 누적 기록했고 동료 교사와 창의적 체험활동 협업자 들이 꼼꼼하게 관찰 메모를 작성하였다. 이들의 기록물에는 하나의 수업에 기울이는 현장 교사들의 땀과 노력이 고스란히 담겨 있었다. 그는 과정 전체에서 각종 디지털 도구를 최대로 활용하여 교사의 부담을 줄이면서도 학생에게 실질적으로 도움이 되는 자동 보고서를 만들어 학생에게 맞춤형 피드백을 수시로 돌려주었다고 했다. 작업량이 만만치 않았다고 토로하면서도 그래도 디지털화가 안 되었으면 엄두가 안 났을 거라고도 했다. 덧붙여 지금은 AI가 어디까지 도와줄 수 있을지 되레 나에게 물었다.

윤석열 정부가 추진했다가 졸속으로 비판받아 좌초한 AIDT 교과서 파동은 물론, 여러 기관에서 다양한 AI 기반 학습 플랫폼에 대한 방안이 봇물 터지듯 쏟아지는 시기에, 오히려 나는 그 교사를 비롯한 교사 한 명 한 명의 교육목표에 대한 철학과 도구를 운용하는 실행능력 자체가 더욱 중요한 '플랫폼'이 아니었을까 생각했다. '사람을 위한 AI 교육', 그리고 이를 운용하는 휴먼 교사의 철학이 수업의 흐름을 이끌고 간다고 느꼈기 때문이었을 것이다.

문득 그 교사와의 대화를 상기하면서 내가 집중해서 읽었던 자료가 있다. 2024년 4월 세계경제포럼이 발표한 「학습의 미래 만들기: 교육 4.0에서 인공지능의 역할Shaping the Future of Learning: The Role of AI in Education 4.0」 보고서다. AI 시대를 대비한 교육 정책 마련을 위한 하나의 참고 자료인데 교육 전문가와 정책 결정자, 실무자 들이 AI의 도입에 따른 교육 현장의 위기와 기회를 동시에 고려하여 차별적인 교육 콘텐츠 제공을 위한 플랫폼과 학습 커리큘럼 설계, 교사의 역할 재설정 및 학생과의 새로운 관계 구축을 지원하는 교육행정 시스템을 구상하는 데 포괄적인 프레임을 제공한다.

이 보고서에 따르면 AI 기술이 공교육에 적용될 경우, 학생의 수준별로 다양한 학습 콘텐츠를 제공할 수 있기 때문에 개인 맞춤형 학습과정을 설정할 수 있고, 학습 평가에 있어서도 저마다의 진행 상황에 대한 정교한 평가와 실시간 피드백이 가능하다. 교사에게는 업무의 자동화와 절차 간소화를 통해 행정 부담을 줄여줌으로써 학생에 대한 교육과 멘토링에 더 집중하도록 도울 수 있다. 또한 교육 커리큘럼에 AI를 통합함으로써 AI를 활용한 교육뿐만 아니라 AI에 대한 교육을 진행하여 학생들이 기술에 종속되는 것이 아니라 문제 해결의 수단으로 이용할 수 있도록 돕는다.

결국 AI가 촉발한 교육 재설계의 쟁점은 기술 그 자체가 아니라, '역량 촉진 – 증거 수집 – 해석과 피드백'으로 이어지는 학습 생태계를 얼마나 정교하게 계획·운영하느냐에 달려 있다. 첫 단계에서 교육목표를 역량 중심으로 재정의했다면, 두 번째 단계에서는 학습과정 전반을 가시화할 수 있는 데이터 시스템을 갖추어야 한다. 센서 로그와 프로젝트 산출물처럼 질적으로 다른 자료를 하나의 분석 파이프라인으로 끌어올 때, AI는 단순 채점기가 아니라 복합적 관계를 탐색하는 '의미 추론기'가 된다. 세 번째 단계에서는 이 추론 결과를 교육적 맥락에서 재해석할 교사의 전문성이 필수적이다. 즉, AI가 제안한 통계적 패턴을 사회정서적 맥락, 교실 문화, 학생의 학습 이력과 연결해줄 '교육적 번역자'로서 교사가 재위치화되는 것이다.

이 과정에서 정책과 현장의 간극을 최소화하려면 두 가지 조건이 선행되어야 한다. 하나는 데이터와 알고리즘의 투명성을 제도적으로 보장하는 거버넌스다. 학습자·학부모·교사 모두가 데이터 흐름과 분석 논리를 이해할 때에만, AI 기반 피드백이 신뢰 가능하고 교육적으로 수용될 수 있다. 다른 하나는 교사 전문성 개발 체계의 재구조화다. 교사를 '플랫폼'으로 만들어준 사례에서 보듯, AI 활용 역량은 개별 교사의 자발적 노력만으로 축적되기 어렵다. 현장 연구, 사례 공유, 공동 설계 워크숍 같은 집단학습 메커니즘을 통해 AI 리터러시를 직무 단계별로 내재화할 필요가 있다.

세계경제포럼 보고서가 제시하듯, AI는 학습 맞춤화·행정 경감·커리큘럼 혁신의 잠재력을 동시에 품고 있다. 그러나 잠재력은 계획과 운영이 정합적일 때에만 실현된다. 우리는 'AI 도입 여부'보다 'AI를 통해 무엇을 학습경험으로 전환할 것인가'를 묻는 질문으로 관점을 전환해야 한다. 학생에게는 문제 해결 수단으로서 AI를 다루는 능력을, 교사에게는 AI가 제공하는 인사이트를 교육적으로 해석할 비평적 시각을, 학교에는 다양한 데이터 흐름을 통합·관리할 책임성을 부여해야 한다.

따라서 앞으로의 과제는 명확하다. 첫째, 역량-데이터-피드백을 일관되게 연결하는 국가 수준의 모델을 만들고, 지역·학교 맥락에 맞게 변형할 수 있는 유연성을 확보한다. 둘째, 데이터 윤리와 프라이버시 보호를 전제로, 학습 증거 수집·분석·활용 전 과정을 투명하게 공개한다. 셋째, 교사·학생·플랫폼이 상호작용하며 역량을 공동 구축하는 '협력적 학습 생태계'를 제도적으로 지원한다. 이 세 축이 맞물릴 때, AI는 교육의 목적 기능을 강화하는 '촉매'가 되며, 학습자는 기술에 종속되지 않고 기술을 넘어서는 역량을 갖춘 주체로 성장할 수 있을 것이다.

AI 문해력을 높이는 노력도 병행해야

AI와 함께 자라는 교육생태계를 만들어갈 때 놓치지 말아야 할 것은 'AI 기술의 책임성'에 대한 교수자와 학습자들의 이해를 높이는 것이다. 교실에서 AI 기술을 사용할 때 당장 직면하게 되는 것이 저작권 문제다. 지적재산권에 대한 경각심이 과거보다 많이 높아진 것은 사실이나, 교사가 교재나 교육 시안을 만들거나 학생들이 과제물을 작성할 때 타인의 저작권을 침해할 수 있다는 사실을 미처 의식하지 못한 채 자료를 사용할 수 있고, 또 그런 사실을 인지한다 해도 제한된 시간에 쫓겨 유혹에 넘어가는 일이 쉽게 일어날 수 있다. 그 외에도 논쟁적 주제에 대해 AI가 편향적인 데이터에 기반하여 일방적인 답변을 내놓을 수도 있고, 딥페이크와 같이 진위 분별이 어려운 콘텐츠에 노출되어 거짓 정보에 현혹될 위험도 상존한다.

이렇게 프라이버시 침해나 저작권 이슈, 편향적 의견 구성이나 거짓 정보의 악용 등 AI 기술을 사용할 때 불가피하게 수반되는 위험들에 슬기롭게 대처하기 위해서는 공교육 현장에서 AI 문해력 교육을 담당할 수 있도록 환경을 조성해야 한다. 이런 이슈들에 대한 교육은 단순히 이론이나 토론 위주로 진행하기보다는 실제로 학생들이 머신러닝의 사례로 AI 모델을 직접 구현해보도록 지도하는 것이 좀 더 효과적일 것이다. 예컨대 '가사노동에 대한 남녀 역할 분담'이란 주제를 가지고 제미나이, 클로드, 퍼플렉시티Perplexity 등 시중에서 자주 쓰이는 거대 언어 모델 프로그램들을 비교해보면 어떤 모델들이 더 바람직한 의견을 제시하는지, 인용된 자료의 출처는 어디인지, 어떤 정보에 더 중요성을 두는지 파악할 수 있을 것이다. 교사와 학생들은 이런 실험들을 통해서 AI도 객관적이거나 중립적이지 않다는 사실을 확인할 수 있다. 자신이 찍은 동영상이나 사진에 다른 이미지를 끼워 넣어 제작해봄으로써 얼마나 손쉽게 딥페이크 기술이 악용될 수 있는지 직접 깨닫게 하는 것도 학생들에게 좋은 교육활동이 될 수 있을 것이다. 이런 실습을 통해 거짓 정보를 가려내기가 결코 쉽지 않다는 점과 정치적 캠페인에 악용될 경우 민주주의도 심각히 훼손될 수 있음을 일러준다.

AI 기술의 활용은 더 이상 선택이 아닌 필수인 시대가 되었다. 누구나 AI를 사용하는 환경이 다가오는 만큼 기술의 혜택을 최대한 누리면서도 창의성과 유연하고 비판적인 사고, 문제해결능력을 향상시킬 수 있도록 사용자의 연령과 목적에 따라 다양한 AI 리터러시, 즉 AI 문해력 교육이 필요하다. AI 기술을 이해하고 활용하며 동시에 비판적으로 평가할 수 있어야 하는 것이다. 청소년을 디지털 기기 사용의 부작용으로부터 보호하기 위해 규제 방식을 도입하고 미디어 리터러시 교육을 적극적으로 도입하는 것은 세계적인 추세다. 미국은 SNS 계정 생성에 대한 최소 연령을 13~16세로 제한하며 부모 동의를 의무화했다. 국무부와 뉴욕주 등에서 청소년 대상 미디어 리터러시 교육 매뉴얼도 제공 중이다. 전체 청소년의 96퍼센트가 스마트폰을 보유하고 11세 아동의 91퍼센트가 스마트폰을 사용하는 영국은 정규 교육과정에 온라인 안전 교육을 포함했다. 온라인 괴롭힘 대응부터 개인정보 및 보완, 정보 리터러시와 디지털 시민의식 교육까지 아우른다. 핀란드는 2025년 8월부터 모든 학교에서 수업 중 모바일 기기 사용을 원칙적으로 금지한다. 학생, 교사, 학부모가 함께 공동 실천 규범을 마련해 가정-학교 연계 실천 방안을 모색한다는 점도 인상적이다. 독일 역시 학부모 설명회를 마련해 학부모 대상 디지털 미디어 교육을 적극 지원하며 학교와 가정의 협력 방식을 추구한다. 덴마크 정부는 2025년 2월, 초·중학교 및 방과 후 시설에서 학생의 휴대전화와 개인 태블릿 사용을 금지하는 법안을 추진하겠다고 발표하는 등, 비판적 사고를 함양하고 정보의 진위 구별 역량을 강화하기 위한 미디어 리터러시 교육에 앞장서고 있다. 우리 교육 역시 비판적 디지털 리터러시 교육을 더욱 세심하게 마련하고 교사와 학생, 학교와 가정이 협력하는 체계를 만들어나가야 한다.

AI 시대에 우리 교육이 나아가야 할 방향은 비판적 사고, 토론하는 문화, 질문하는 능력 등 인간의 본질적인 역량을 길러주는 것이다. 이것이 전제로 갖춰져야 비로소 AI가 아이들의 강력한 무기가 될 수 있다. 이러한 역량들이 길러지지 않은 상태에서 AI가 기능적으로만 도입되면 심각한 부작용을 낳을 수 있다. AI가 제공하는 정보를 비판 없이 그대로 수용할 것이 아니라 AI가 편향되거나 잘못된 정보를 주기도 하고 때로는 범죄 정보로 오용되기도 한다는 것을 반드시 이해해야 한다. 이런 비판적 사고를 높이기 위한 방법 중 하나가 학생 중심 수업, 토론 중심 수업이다. 그에 더해 아이들이 직접 참여하고 결정하는 활동을 늘려야 한다. 학생 자치활동이 좋은 예다. 경기도의 한 학교는 학생회 활동을 통해 아이들이 직접 학교 축제를 기획하고 진행하도록 했다. 회의 중 휴대전화 사용을 금지하는 등 스스로 규칙을 정하는 데서 시작해 자율적인 문화를 만들었고, 스스로의 힘으로 축제를 성공리에 마무리했다. 이러한 과정은 학생의 자기 주도성을 크게 향상시켜 질문하고 비판하는 능력으로 이어질 수 있다.

최재천 이화여대 석좌교수는 『주간동아』와의 인터뷰[×]에서 AI 시대의 교육과 교사의 역할에 대한 근본적인 개혁이 필요하다고 강조했다. 최재천 교수는 "우리가 학교에서, 학원에서 아이들에게 가르치는 거의 모든 것을 AI가 이미 하고 있고, 조금 있으면 훨씬 더 잘할 것"이라며 AI가 이미 알고 있는 걸 외우라고 아이들을 밤늦게까지 공부시키는 건 어리석은 일이라 언급했다. 결국 "입시로 귀결되는 현 교육으로는 AI 시대에서 절대 살아남을 수 없다"며 AI 시대에 우리 교육이 나아가야 할 방향은 "머리가 좋고 아는 게 많은 쪽이 아니라 어떤 품격을 갖추는 쪽이어야 한다"며 아래와 같이 강조했다.

"AI는 알면서도 져주는 일은 죽어도 못할 것이다. 기꺼이 양보하고 공유하는 선택을 기대할 수 없다. 그런데 사람은 아니다. 어린아이만 봐도 형이 뻔히 이길 수 있는데 동생한테 져주는 선택을 한다. 지금 내가 지는 게 훗날 전체를 위해 더 좋은 일이라고 판단해 한 번쯤 지고 넘어가는 경우가 분명히 있다는 얘기다. 이런 게 인간과 AI가 구분되는 지점이고, 앞으로 교실에서 교사는 학생들의 이런 지극히 인간

× 이슬아, 「"AI 시대 인간, AI 부리며 AI 위에서 할 수 있는 일 찾아야"」, 『주간동아』, 2025.

적인 면을 극대화하고자 노력해야 한다고 본다."

지극히 인간다움을 유지하고 인간 본연의 능력을 확장하는 배움과 가르침을 지속하는 방법에 대해 함께 고민하고 논의하는 노력이 교육 현장에서 더 활발하게 진행되기를 기대한다.

5. 스토리텔링
: 공감·서사·창의 역량 키우기

발터 벤야민은 “이야기를 통해서 사람은 농사꾼이 되든지 뱃사람이 되든지 그 모든 사람에게 경험하는 정보를 얻었다. 그러나 지금은 그런 정보가 아니라 휘발성 정보만 얻고 끝난다. 여기서 경험의 빈곤이 오고, 여기서 인간의 비극이 시작된다”고 했다. 사람을 설득하는 힘은 이야기에서 나온다.

언젠가부터 우리 교실에서 이야기가 사라졌다. 정답 찾기에 골몰하는 교실에서 이야기는 힘이 없다. 단 하나의 답을 찾는 교실에서 서로 다른 ‘나’는 중요하지 않다. ‘나’는 달리기를 잘하거나 불교를 믿거나 물리학에 관심이 있거나 느린 학습자이거나 이주 배경을 가진 사람일 수 있지만, 중요하지 않다. 내 이야기가 중요하지 않은 교실에선 다른 사람의 이야기를 들을 필요도 없다. 지금 우리 교실에서 타인의 말을 듣고 그 속에 담긴 마음을 헤아리는 능력은 중요하지 않다. 타인의 말을 잘 듣지 못하면 나를 표현하기도 쉽지 않다. 누군가를 설득하기 위해 어떤 내러티브를 사용해야 하는지 모른다. 그래서인지 나를 표현하는 게 서툰 아이들이 늘어난다. 시 한 줄을 읽으면서도 모범 답안을 찾도록 훈련된 아이들은 시험문제 풀듯이 누군가의 마음을 이해하려 한다.

바벨의 탑처럼 누군가의 마음을 오독하기 쉬운 사회에서 타인의 마음을 잘 읽고, 공감능력이 탁월한 사람들의 사회적 가치가 점점 더 커진다. 이야기의 힘은 더 중요해졌다. 사람과 사람의 서사를 연결하고 그것을 스토리로 엮는 능력은 어느 때보다 중요해졌다. 읽고 쓰기보다 정답을 찾는 것을 먼저 가르치는 우리 교실에서 뛰어난 스토리텔러가 태어날 수 있을까? 정해진 산식으로 하나의 답을 찾는 아이들이 어떻게 수만 개의 길로 연결되는 사람의 마음을 헤아릴 수 있을까? 정답을 찾기 전에 읽고 쓰는 법을 가르쳐야 한다. 그 전에 타인의 말을 잘 듣는 법은 가르쳐야 한다. 그렇게 이야기의 힘을 살려야 한다.

얼마 전 가까운 지인들의 프로필 사진이 한꺼번에 비슷한 스타일로 바뀌는 신기한 경험을 했다. 한때 챗지피티를 이용해 자신의 사진을 일본 애니메이션인 '지브리 스타일'로 바꾸는 유행이 있었다. 생성형 AI 기술이 급속도로 발전하면서 이제 문장 한 줄이면 새로운 이미지와 동영상을 손쉽게 생성할 수 있다. '지브리 애니메이션 스타일로 바꿔줘'라고 한 줄만 입력하면 애니메이션 화풍을 그대로 구현할 수 있었다.

'지브리 열풍'은 창작자의 근본적인 역할과 저작권에 관한 열띤 논쟁을 낳았지만, 대체로 챗지피티가 큰 경계 하나를 넘었다는 평가가 지배적이다. 한창완 세종대 만화애니메이션학과 교수는 "AI를 어려워하던 사람도 이번 유행을 계기로 유료 결제를 하며 사용 방법을 학습했다"[×]는 데 의의를 두며 애니메이터로서 "막연하게 불안해하기보다 잘 활용해 진짜 오리지널리티를 만들 시기가 왔다"고 평가했다. 지브리 열풍이 식지마자 새로운 열풍이 시작되고 있는 듯하다. 2025년 8월 27일에 출시된 구글의 새 모델 나노바나나Nano banana는 프롬프트 한 줄로 캐릭터를 그리고, 배경을 입히고 대사까지 만들어준다. 사용자들은 환호하지만 곧 물음표가 뜬다. '이건 내 이야기일까, AI의 재조합일까?' 여기서 필요한 힘이 바로 스토리텔링이다. 김영재 한양대 문화콘텐츠학과 교수도 "결국 백 투 베이직Back to Basic"[××]이라며 "제작 및 기술적인 영역은 점점 AI가 대체해나가는 만큼 창작자 고유의 세계관, 철학을 배양하는 일이 핵심"이라고 덧붙였다. 이야기를 만들고(창의), 읽고(공감), 비평(진정성·윤리)해야 진짜 서사가 완성된다.

정보를 빠르고 효율적으로 처리하는 데는 이미 AI가 압도적 우위를 점하기 때문에 인간은 단순한 정보 전달을 넘어 공감과 몰입을 이끌어내는 고유의 이야기를 만드는 데 집중해야 한다. 다시 말하면 기술이 속도를 책임진다면, 우리는 이야기의 '왜'를 생각해야 한다. AI가 새로운 도구로

× 이승연, 「[샷!] "지브리 프사, 예술에 대한 모욕처럼 느껴져"」, 『연합뉴스』, 2025.
×× 이승연, 위의 글.

기능하는 시대, 이야기 본연의 힘이 더욱 중요해진 것이다. 인간의 경험과 감정, 맥락을 이해하고 이를 깊이 있게 녹여내는 데 AI는 여전히 한계가 있기 때문이다.

AI가 대체할 수 없는 인간 고유의 감성 지능과 창의성을 발휘할 수 있는 핵심 영역이 바로 스토리텔링이다. 진정성 있는 이야기는 사람의 마음을 움직이고, 깊은 공감대를 형성한다. 콘텐츠가 넘쳐나는 시대적 흐름 속에서 자신만의 목소리를 내고 차별점을 만들려면 무엇보다 진정성 있는 스토리가 필요하다. AI가 만든 콘텐츠는 '지브리풍 이미지'처럼 비슷비슷하지만, 인간의 경험과 철학이 담긴 이야기는 고유한 매력을 가진다. 미래 교육이 지능이 아닌 지성을 키워내는 방향이라면, 지극히 인간다움을 유지하고 인간 본연의 능력을 확장하는 배움으로 가야 한다면, 무엇보다 이야기 중심의 교육이 필요하다.

AI 시대 스토리텔러, 젠슨 황

AI 시대 가장 뛰어난 스토리텔러를 뽑으라면 단연 한 사람이 떠오른다. 2025년 10월, APEC 정상회의 때 방한하여 재벌 총수들과의 치맥 회동 이슈로 주목받았던 이를 기억할 것이다. 가죽 재킷을 입은 채 수많은 인파를 몰고 다니는 엔비디아NVDA의 최고경영자 젠슨 황Jensen Huang이다.

지난 2025년 7월, 엔비디아가 세계 최초로 시가총액 4조 달러(한화 약 5488조 원)를 돌파했다. 한 기업의 시가총액이 4조 달러를 기록한 일은 미국은 물론 전 세계 상장사 중 최초다. 우리나라 국내총생산의 두 배에 달하고, 삼성전자 시가총액의 13배가 넘는 엄청난 금액이다. 전 세계 산업과 경제의 패러다임이 AI 중심으로 완벽하게 전환된 상징적 사건이라는 평가가 쏟아졌다. 엔비디아의 기록적인 주가 상승은 AI의 급속한 발전과 맞물려 있다. AI를 학습시키고 구동하는 데 필수적인 AI 반도체 시장을 엔비디아의 GPU가 장악하고 있기 때문이다. 엔비디아가 AI 시대의 패권을 장악한 데는 끊임없는 혁신으로 이룩한 기술 발전이 핵심이지만, 빼놓을 수 없는 요인이 바로 젠슨 황의 스토리텔링이다.

전략 컨설팅 그룹, 플랫폼 9와4분의3이 펴낸 『진격의 거인, 젠슨 황』[×]에 스토리텔러로서 젠슨 황의 전략이 잘 드러나 있다. 젠슨 황이 평범한 기술 리더를 넘어 시대의 아이콘이 될 수 있었던 이유가 "스스로를 하나의 브랜드로 각인시킨 커뮤니케이터이자 복잡한 기술을 매혹적인 서사로 풀어

× 임수정, 『진격의 거인, 젠슨 황』, 플랫폼 9와4분의3, 2025.

내는 스토리텔러이며 그 서사에 열광하는 거대한 팬덤을 구축"했기 때문이라고 평가한다. 복잡한 기술을 매혹적인 서사로 풀어낸 스토리텔러로서 면모를 보여준 대표적 사례로 CPU(중앙처리장치)와 GPU를 비유한 일을 보여준다. 젠슨 황이 "CPU는 여러 가지 복잡한 일을 순서대로 처리하는 똑똑한 '임원 한 명'과 같고, GPU는 수천 개의 간단한 일을 동시에 처리하는 '인턴 군단'과 같다"고 설명한 것이다. 이 비유 하나로 병렬 컴퓨팅에 대해 전혀 모르는 사람조차 핵심 개념을 명확하게 그릴 수 있다.

젠슨 황의 쉽고 직관적인 비유를 잘 보여준 또 다른 예로 2023년 어닝 서프라이즈Earning Surprise를 발표한 화상 회의를 뽑는다. 젠슨 황은 그 자리에서 "지금이 AI의 아이폰 모멘트"라는 상징적 정의를 내렸기 때문이다. "투자자들에게는 숫자를, 시장에는 문명사적 비전을 동시에 안겨주는 탁월한 비유"로 회자되는데, "청중으로 하여금 역사적인 순간에 동참하고 있다는 느낌을 받게 하며 강력한 지지를 이끌어내는 효과적인 장치"로 평가했다. 젠슨 황이 핵심을 전략적으로 반복하는 점도 강조했다. 가속 컴퓨팅Accelerated Computing[xx], 소버린 AISovereign AI[xxx] 같은 어렵고 낯선 개념을

[xx] 특수 하드웨어를 통해 계산량이 큰 작업을 빠르게 처리하는 방식.

수년에 걸쳐 모든 키노트와 인터뷰에서 일관되고 반복적으로 사용하면서 처음에는 생소했던 기술 용어를 업계 표준이자 시대의 화두로 만들었기 때문이다. 결국 시장과 미디어는 젠슨 황이 정의한 프레임과 용어를 사용해 AI 시대를 논하게 됐다. 보이지 않게 대화의 의제를 설정하고 시장을 주도하는 강력한 커뮤니케이션 전략이다. 젠슨 황은 '기술로 세상을 바꾸고 이야기로 세상의 인식을 바꾸는 진정한 의미의 마스터 스토리텔러'다.

젠슨 황의 이야기를 듣고 있으면 그의 기술이 정말 세상을 바꿀 수 있겠다는 생각이 든다. 흥분에 찬 목소리, 확신 가득한 제스처, 반짝이는 눈을 보면서 그의 진정성 있는 스토리에 몰입하다보면 어느새 설득당한다. 그만큼 스토리텔링에는 대중이 공감할 만한 감성 요소를 포함하는 일 또한 중요하다.

이미 우리 사회는 이야기 중심의 사회, 감성과 서사의 창의성이 핵심인 사회로 진입했다. 이러한 사회적 변화를 예견한 대표적인 인물이 세계적인 미래학자 롤프 옌센Rolf Jensen이다. 그의 저서 『드림 소사이어티』×에서 정보화사회 이후

××× 각 나라가 자국의 데이터, 인프라, 알고리즘 등을 활용해 독자적으로 개발하고 통제하는 인공지능 시스템.

× 롤프 옌센, 『드림 소사이어티』, 서정환 옮김, 리드리드출판, 2014.

에는 감성과 꿈, 이야기가 중심이 되는 "꿈의 사회"가 도래할 것이라고 일찍이 밝힌 바 있다. 그가 말한 꿈의 사회란 단순한 정보나 기능이 아닌 제품과 서비스에 담긴 스토리와 감정이 소비자의 선택에 결정적인 영향을 미치는 사회를 의미한다. 예컨대, 그가 사는 덴마크에서는 방목하여 키운 닭이 낳은 달걀이 일반 양계장에서 나온 달걀보다 비싸게 판매되는데도 소비자는 '행복한 닭이 낳은 달걀'이라면서 기꺼이 구매한다. 소비자가 제품의 실질적 차이보다 이야기 그 자체의 가치를 인정한다는 것이다. 이 같은 드림 소사이어티에 대비하기 위해 교육 분야에서도 변화가 필요한 것이다.

먼저 감성 지능을 높이고 사회적 상호작용능력을 향상시킬 수 있는 감성 교육이 강화되어야 한다. 이야기를 만들고 전달하는 능력도 드림 소사이어티에서 중요한 역량이다. 학생들이 창의적인 스토리를 구성하고 표현하는 연습을 통해 이러한 능력을 키울 수 있어야 한다. 미래 사회에서는 창의력과 상상력이 중요한 자산이 된다. 다양한 문제를 새로운 시각에서 바라보고 해결하는 능력을 기르는 교육이 필요하다. 문화와 예술 교육도 확대되어야 한다. 음악, 미술, 문학 등 예술 분야의 교육을 통해 학생들이 다양한 감정과 이야기에 노출되면서 풍부한 감수성을 함양할 수 있다. 또 인문학과 과학기술을 융합하는 교육을 바탕으로 학생들이 여러 분야의 지식과 감성을 통합적으로 이해하고 활용할 수 있도록 지원할 필요가 있다. 학생들이 자기 경험을 접목해서 공유하는 교육 방식을 통해 역사와 사회, 과학 등을 익히는 교육 방식은 비단 감성 역량의 증대만이 아니라 감성적 콘텐츠와 논리적 분석을 구분할 수 있는 능력을 배양하고 경험과 직관을 균형 있게 활용하는 방법을 키울 수 있다는 점에서 참과 거짓을 분별하고 창의적 문제해결능력을 키우는 효과도 거둘 수 있다.

깊이 읽을수록 창의성이 생긴다

이 중에서 특히 서사 기반의 교육이 필요한 이유는 이미 쇼트 폼과 감성 마케팅 등 재미의 요소가 넘쳐나는 사회를 살고 있는 학생들에게 학습력을 높일 수 있는 유효한 방법이 되기 때문이다. 현대인들은 통상적인 오해와 달리 과거보다 훨씬 많은 글을 읽는다. 빽빽한 지하철 안에서도 스마트폰을 꺼내 문자메시지를 읽고 웹툰이건 포털 뉴스건 유튜브 자막이건 하루 종일 활자에 노출된다. 다만 긴 글을 읽지 않아 '깊이 읽기'가 안 된다는 게 문제다. 깊이 읽는다는 것은 눈앞의 글자가 아닌, 글자 너머의 이야기에 심취하여 그

이야기의 화자나 주인공에게 감정이입함으로써 타자에 공감하고 타자와 자신이 공유하는 인간의 보편성을 이해하게 만든다.

인지신경학자이자 아동발달학자인 매리언 울프Maryann Wolf는 깊이 읽기를 인간의 창의성이 생성되는 순간으로 진입하는 것이라 말한 바 있다. 짧은 콘텐츠만 반복적으로 소비하는 현대인에게 흥미를 갖게 하면서도 깊이 읽는 효과를 줄 수 있는 것이 바로 스토리텔링 학습이 가진 장점이다. 교과서에 몇 줄 나오는 명성황후 시해 사건이나 안중근의 이토 히로부미 저격 사건과 같은 것도 이야기 형태의 책이나 영화, 뮤지컬을 통해 입체적으로 접하게 되면 더 쉽고 깊게 사건이 가진 맥락에 다가갈 수 있는 것이다.

이야기는 사람의 감성에 호소하여 몰입과 공감을 이끌어내는 장점이 있다. 이야기는 단순한 정보 전달에 그치지 않고 정서적 유대감을 형성해 깊이 있는 이해를 유도하고, 학습자들 사이에 공유되는 다양한 사회적 경험을 간접적으로 습득하게 함으로써 자신의 감정을 표현하고 타인의 감정도 이해하는 능력을 익힐 수 있다. 수업과정에서 학생들이 의견을 교환하면서 협업능력과 의사소통능력도 향상시킬 수 있는 것이다. 이처럼 스토리텔링 교육은 학습 이해도를 높이고 기억력을 증진시킬 뿐만 아니라 역사, 수학, 과학 등 어려운 개념을 배우는 데에도 응용할 수 있어 학습의 진입 장벽을 낮추는 효과도 거둘 수 있다. 또한 이야기를 통해 다양한 시각에서 문제를 바라보고 해결책을 찾아가는 사고력을 기르고, 학생들이 직접 이야기를 만들고 표현하면서 창의성을 발휘할 기회도 갖게 된다.

스토리텔링 기반 교육의 가장 큰 장점 중 하나는 이야기 속 인물의 감정을 이해하고 공감하는 과정에서 감성의 발달이 자연스럽게 촉진되어 사회성이 부족하거나 표현능력이 떨어지는 학생들에게 감정 표현을 돕는 역할을 한다는 점이다. 학생들은 이야기를 듣고 스스로 의미를 해석하는 과정에서 비판적 사고능력을 키우게 되고 스토리 안의 여러 관점을 탐색하면서 열린 사고를 배울 수 있다. 실제로 과거 서울시교육청에서 실시한 문화·예술·체육 영역 교육 보고 사례들은 스토리텔링 기반 교육이 학생 개개인에게 얼마나 큰 변화를 줄 수 있는지 보여준다.

서울의 한 중학교 '영화 만들기' 수업에서 평소 산만하고 주의력이 부족해 수업 분위기를 해친다는 남학생 몇 명이 한 팀을 이루게 되었는데, 각자 시나리오에서부터 소품 제작과 섭외, 연출, 편집을 맡아 열정적으로 참여하여 어느 팀보다 빠르고 원활하게 완성작을 내놓았다. 한 학기 동안 열심히 준비한 영화를 전교생이 모두 모인 강당에서 상영했을 때, 학생들은 물론 선생님들도 기대 이상의 결과물을 보고 깜짝 놀랐다고 한다. 아무도 주목하지 않았던 이 팀은 각본과 편집, 연출상까지 싹쓸이하며 숨겨진 재능을 증명해냈다. 무엇보다 놀랐던 건 부모님과 아이들 자신이었다. 눈총을 받았던 학생들이 몇 달을 집중하며 과제를 수행해내고 그 결과물로 상까지 받게 되자 부모들은 눈물을 보이며 감격했고, 영화 연출과 편집을 맡은 아이들은 미래를 향한 꿈을 갖게 되었다. 남학생 중심의 학교에서 스토리텔링 교육이 적용되었을 때 가장 극적인 변화를 보인다는 것은 이 사례에서도 확인된다.

서사 기반 교육에 필요한 세 가지

하지만 교육 현장에서 스토리텔링을 활용할 때는 몇 가지 주의가 필요하다. 먼저 스토리텔링 자체가 교육의 목표가 아니라 교육의 수단과 도구라는 점이 전제되어야 한다. 스토리텔링이 강조되다보면 이야기 자체에 매몰되어 정작 교육해야 할 내용을 놓치기 쉽다. 또한 이야기가 힘 있게 전달되려면 진정성 있는 스토리여야 한다. 꾸며내거나 과장된 이야기는 신뢰를 얻기 어렵기 때문이다. 실제 사례나 역사적 사실에 기반한 이야기를 활용하고, 교훈적인 메시지 전달에 치중하기보다 학생들이 스스로 의미를 깨닫도록 유도해야 교육적 효과를 거둘 수 있다. 스토리텔링은 일회성으로 끝나는 것이 아니라 지속적으로 활용할 때 더욱 효과적이다. 교수-학습과정에서 순환 구조를 만들어 교수자와 학생들 사이에 이야기를 통해 공감과 경험의 공유를 지속적으로 진행할 필요가 있다. 또 특정 문화적 편향이 강한 이야기는 일부 학생에게 거부감을 줄 수 있으므로 학생들의 정서적 수용성을 고려해 다양한 문화적 배경과 포괄적인 시각을 제공할 수 있어야 할 것이다.

스토리텔링 교육을 확대하고 강화하기 위해서는 정책적 지원도 마련되어야 한다. 먼저 교사들이 효과적으로 스토리텔링을 할 수 있도록 연수 프로그램을 확충해야 한다. 스토리텔링 기법과 교수법을 배우고 익힐 수 있는 연수 및 워크숍을 제공하고 전문가들과 함께 심화 학습할 수 있는 과정, 더 나아가 스토리텔링 전문가와 협업하여 프로젝트형 학습과정을 개설하는 방법도 고려해 볼 수 있을 것이다. 그다음으로 다양한 과목에서 스토리텔링을 활용할 수 있는 교육용 콘텐츠가 제작되어야 한다. 교수자와 학생들이 손쉽게 접근할 수 있도록 디지털 및 멀티미디어 기반의 스토리텔링 자료를 제공해야 활발한 적용이 가능하다. 학습과정에서 스토리텔링 교육이 제대로 정착되려면 평가 방식도 함께 개발되어야 한다. 정답 위주의 평가가 아니라 창의적 이야기 구성능력을 반영하는 평가 시스템을 개발하고 프로젝트 기반 학습과 연계한 스토리텔링 활용 평가로 확대되어야 한다. 다양한 실험과 시도를 통해서 성과가 축적되면 본격적인 교과과정 개발과도 연계해야 할 것이다. 사실 제도적, 정책적 지원은 사회적 요구와 의지가 있다면 그리 어려운 일이 아니다.

2022 개정 교육과정은 교과(군)별 기준 수업 시수의 최대 20퍼센트를 학교가 증감할 수 있도록 허용했다(단, 체육과 예술-음악/미술-교과는 제외). 이렇게 확보한 시수로 '학교 자율 시간'을 편성해 학교와 지역 여건, 학생 요구에 따라 새 과목이나 프로젝트활동을 개설할 수 있다. 고등학교는 학점제 운영과정에서 줄어든 학점을 활용해 자율 프로그램을 구성한다. 이전처럼 국가가 정한 시수를 그대로 따라야 했던 경직된 구조가 풀린 것이다. 자율 운영 시간을 활용하면 가치 딜레마 토론, 모의 선거, 의회, 지역 공론 프로젝트 같은 시민교육 프로그램을 정규 시간표 안에 안착시켜, 미래 사회에 필요한 비판적 사유와 협력 역량을 충분히 길러줄 수 있다.

특히 문화예술 교육과 학생들이 감성적으로 교류할 수 있는 수업을 프로젝트 기반으로 확대해야 한다고 본다. 한 편의 소설이나 연극 창작을 바탕으로 6개월에서 1년 동안 프로젝트 주제를 정해 스스로 대본을 만들고, 역할을 분담해 수업해보는 것도 좋은 방법이다. 서로 협력하고 토론하는 과정을 거쳐 완성했을 때 아이들은 큰 성취감을 느끼며 성장한다. 교사 혼자서는 어려울 수 있다. 그래서 지역 전문가의 도움이 필요하다. 마을과 학교를 적극적으로 연결해 필요한 자원을 마련해야 한다. 중앙 부처는 국가 교육의 큰 정책 방향을 설정하고 그 아래 시도교육청과 지역 교육지원청, 각 학교가 더 많은 권한을 행사하는 방향으로 교육자치를 확대해나가야 한다. 지역마다 삶의 형태가 다르고 교육현황과 정책 수요도 천차만별이다. 학교 현장의 당사자들, 즉 학생, 교사, 학부모들이 요구하는 다양한 교육적 수요를 공교육 내에서 실질적으로 담아내려면 학교에 충분한 재량권이 있어야 하며 그에 상응하는 권한과 책임 또한 이양되어야 한다.

무엇보다 중요한 것은 교육을 책임지는 일선의 교육자들과 교육 당국, 기성세대의 인식에 있다. 감성과 이야기가 세상을 관통하는 코드가 되었다는 현실을 수용하고, 공감 능력과 창의적 사고, 감성적 표현능력이야말로 미래 인재에게 요구되는 핵심 역량이라는 사실을 깨닫는 것부터 시작해야 한다. 갈수록 세상이 양극화되고 성별, 세대, 인종, 계급으로 나뉘어 갈등하는 세태를 탄식만 하고 있을 것만 아니라, 사회 통합을 이루는 최선의 방법은 '공감하는 인간'을 길러내는 일에 있다는 점을 자각하고 차근차근 실천에 옮겨야 할 것이다.

공감을 기르는 교육

우리 사회가 타인의 분노나 슬픔에 공감하지 못한다는 비판은 세월호 참사를 지나며 극단적인 형태로 표면화됐다. 세월호특별법 제정을 촉구하며 단식 농성 중이던 유가족 앞에서 '폭식 투쟁'을 벌이는 모습을 처음 목격하고 느낀 감정은 충격을 넘어선 기이한 절망감이었다.

사회적 참사를 겪은 이들의 고통에 진심으로 공감하고 이들과 교감하며 함께 치유하는 노력이 필요하다고 판단했기에 국회 교육위원회 시절부터 교육부 장관으로 재임하는 기간 내내 유가족들과 지속적으로 소통하며 활동했으나, 우리 사회가 타인의 고통에 무감각하다는 비판은 최근까지 꾸준히 이어져왔다. 심지어 점차 심각해지는 양상에 이르렀다. 수많은 디지털 기기에 둘러싸인 요즘 아이들은 친구를 대면

해 교류하고 이야기를 나눌 시간이 과거보다 크게 줄어들었다. 대화나 협력적 모임, 스포츠를 함께 할 시간도 줄면서 갈등도 줄었다. 설령 갈등이 생겨도 부모가 개입해 대신 해결해주기 때문에 아이들끼리 싸우고 논쟁하며 화해하는 갈등 해소능력이 부족할 수밖에 없는 현실이다. 그만큼 타인의 처지나 입장을 이해할 기회도 줄었다. 타인을 공감할 기회가 없는 것이다.

지난 2022년 연세대 재학생 3명이 청소 노동자들을 고소한 일이 있었다. 학생들은 집회 소음으로 수업을 방해받았다며 업무방해 및 집시법 위반 혐의로 청소 노동자들을 고소했다. 정신적 위자료로 640만 원을 지급하라는 민사소송도 함께 제기했다. 학생들은 "자신의 부모님도 어렵게 일해 고액의 학비를 부담하기 때문에 청소 노동자들의 시위로 학습권을 침해받는 일을 참을 수 없다"는 논지를 펼쳤다. 청소 노동자의 임금만 중요하고 부모님이 내주는 우리 학비는 소중하지 않느냐는 학생들의 논리는 노동자 권익을 위해 위장 취업까지 했던 시절을 겪은 기성세대에겐 더욱 놀라운 현상이었다. 특히 '학생들의 등록금으로 먹고 사는 청소 노동자'라는 개념은 이 시대 청년들의 공정의 범위가 어디까지인지 가늠하게 했다. 청소 노동자는 대학 안에 함께 공존하는 공동체 구성원이 아니었다. 학생과 청소 노동자 사이에 서열이 존재하는 것이다. 잘못된 청소 용역업체와 계약을 하고 부당하게 청소 노동자를 해고한 당사자는 학교 본부다. 문제를 해결해야 할 주체는 청소 노동자가 아니라 학교인 것이다. 그렇게 말도 안 되는 학습권과 노동권의 대결 구도가 만들어졌다.

아프가니스탄에서 우리 정부를 도왔던 특별기여자 29가구 157명을 한국으로 데려와 우리 국적을 부여했을 때도 공감대 결여의 문제가 크게 대두됐다. 죽음의 문턱을 넘어 기적처럼 아프가니스탄을 탈출해 언어와 생김새, 종교가 전혀 다른 낯선 한국 땅에 정착한 사람들이었다. 그러나 이들의 자녀 85명이 지역 내 학교에 입학한다는 사실이 알려지자 일부 학부모의 거센 반대가 이어졌다. 임대아파트에 사는 아이들은 다른 학교로 보내달라고 요구하는 학부모가 등장했을 때부터 예고된 일이었다.

성공회대 교수였던 고 신영복 선생님은 위층에서 쿵쿵 뛰는 애 때문에 시끄러우면 올라가서 아이스크림이라도 사주면서 애 얼굴을 보고 이름도 물어보라고 말씀하셨다. 아는 아이가 뛰면 덜 시끄럽게 느껴지기 때문이다. 요즘 아이들은 청소 노동자와 따뜻한 말 한마디 나눌 기회가 없다. 다른 문화권에서 온 타인의 삶을 들어볼 기회도 없다. 아프가니스탄에서 온 특수기여자 사례는 물론, 이주 노동자 비율이 높은 지역이나 결혼이민자가 많은 농촌에서는 다문화 가정 비율이 높지만, 여전히 다른 문화권에서 온 사람들 사이에서 서로 부딪치며 그들의 이야기를 들어볼 여력은 부족하다. 그러니 그들의 처지를 이해하기도 힘들고 고통에 공감하기도 어려운 것이다.

정보와 지식 격차가 점점 줄어드는 시대로 접어들면서 타인의 감정을 이해하고 공감하는 능력이 무엇보다 중요해졌다. 더 잘 공감하고 더 이해하는 사람이 되기 위한 서사 중심의 교육 환경으로의 변화가 절실하다. 서사와 감성, 공감이야말로 우리 아이들, 우리의 미래를 지켜내는 열쇠가 될 것이기 때문이다.

그리고 '이야기'는 학교에서만 끝나지 않는다. 우리가 아이들에게 공감과 창의를 길러주려는 까닭은, 결국 성인이 되어서도 '자기 삶의 서사'를 끊임없이 쓰고 고쳐 가도록 돕기 위해서다. 독일의 듀얼 아우스빌둥Dual-Ausbilding과 시민대학으로 확인했듯이, 어른들도 계속 배워야 깊이 있는 서사(직업·시민·문화)를 확장할 수 있다. 이제 교실에서 시작된 '자람'의 요소들이 평생학습 생태계로 어떻게 연결될지 살펴볼 차례다.

6. 공부가 필요한 쪽은 어른
: 계속학습을 위한 대학의 재정렬

영국의 경제학자 케이트 레이워스Kate Raworth는 『도넛 경제학』[×]에서 안쪽 구멍은 물, 음식, 의료, 교육, 주거, 소득·일자리, 사회적 평등, 정치적 목소리 등 인간이 기본적으로 누려야 할 삶의 최소 조건들을 의미하고, 바깥쪽 원은 기후변화, 생물다양성 상실, 오염, 자원 고갈 등 지구가 감당할 수 있는 환경적 한계를 뜻한다고 했다. 네덜란드 암스테르담은 이 경계를 기준으로 도시를 재설계해 운영 중이다. 도시의 삶은 얼마나 경제적으로 성장했느냐에 앞서 시민들의 일상이 이 두 영역에서 얼마나 균형감 있게 나아지고 있는가로 평가된다.

우리 교육도 안으로는 교육 격차와 재정 문제, 디지털 교육으로의 전환 등을 해소해야 하고, 밖으로는 생애주기별 재교육과 삶의 질을 높이기 위한 평생교육의 과제를 안고 있다. 안으로는 자정 무렵 지친 발걸음으로 학원에서 돌아오는 학생들의 일상을 바꿔야 하고, 밖으로는 제임스 조이스James Joyce의 원문 소설을 공부하고 싶은 은퇴자의 교육 환경을 만들어야 한다.

그 해답은 '누가 학생이고 어디까지가 학교인가'라는 질문으로 시작된다. 명문대 입학과 대기업 취업을 위한 것이 아닌 균

× 케이트 레이워스, 『도넛 경제학』, 홍기빈 옮김, 학고재, 2018.

형 잡힌 삶을 위한 학교로 변신하려면 무엇을 바꿔야 할까? 그렇게 배우는 것이 곧 삶이 되는 사회, 요람에서 무덤까지 배울 수 있는 사회는 어떻게 만들 수 있을까?

12·3 비상계엄 사태를 지나오며 새삼 놀라웠던 것은 '생각' 하지 않는 사람이 너무나 많다는 사실이었다. 부정선거를 확인하기 위해 비상계엄을 선포했다는 대통령이나, 야당 의원들은 중국과 결탁한 반국가 세력이라고 주장하는 터무니없는 음모론을 대통령의 변호인부터 믿고 있다는 것도 문제지만, 비상계엄은 야당의 국정 발목잡기를 경고하기 위한 "계엄의 형식을 빌린 대국민 호소"였다거나 "의원이 아니라 요원을 끌어내라 했다"라는 앞뒤가 맞지 않는 궤변을 두둔하는 정치인들을 보면 할 말을 잃고 만다. 우리 정치의 한쪽 날개인 보수가 어쩌다 이렇게 상식도 기본도 없이 망가져버렸는지 탄식만 나올 뿐이다. 이들 중 다수가 법조인과 고위 관료들이라는 사실은 더 절망적이다. 누구보다 비판적 사고와 합리적인 의견을 요구받는 사회 지도층 인사들이 극우 유튜버들의 선동과 극단주의자들의 초법적 폭력을 태연히 감싸고 편드는 걸 보면서, 교양과 성찰이 필요한 것은 아

이들이 아니라 어른이란 생각마저 들었다.

하루가 다르게 급변하는 세상에서 계속 배우지 않으면 세태를 제대로 이해하기도 어렵고 상식도 뒤쳐진다. 그런데 우리나라의 교육은 대학에서 멈춘다. 대학 입학을 인생의 성공 기준으로 삼는 사회적 분위기 때문에 모든 교육은 대학 입시 교육으로 집중된다. 유치원부터 고등학교까지 학생들은 오로지 대학 입시를 목표로 과도한 경쟁 속에서 학업에만 매진하고, 이 과정에서 학습은 본질적인 지식 탐구보다 시험 성적을 올리기 위한 도구로 전락한다. 대학에 입학한 후에도 상황은 크게 다르지 않다. 많은 학생이 취업을 위한 성적 관리에 급급하다보니 학문적 호기심이나 자기 계발을 위한 공부는 뒷전으로 밀려난다. 더욱 심각한 문제는 대학 졸업 이후다. 졸업과 동시에 대부분의 사람은 학습을 중단하며 실무를 위한 정보 취득에만 열을 올린다. 성인 시기에 필요한 직업을 탐색할 시간이나 개인 성장을 위한 교육받을 기회는 턱없이 부족하다. 그 결과 성인들의 읽기능력과 교양 수준은 점차 낮아지고 급변하는 사회에 적응할 수 있는 역량도 약화된다.

시민들은 직업 전환, 예술적·문화적 소양 향상 혹은 개인적 성장을 위해 학습을 이어가고 싶어 하지만, 이를 뒷받침할 수 있는 체계적인 계속교육 시스템이 우리 사회에는 부재하다. 평균 수명이 늘어가는 상황에서 은퇴 이후의 삶을 풍요롭게 채워줄 평생교육 인프라도 충분치 않다. 독일에서 지내는 동안 직업교육과 평생교육 기관을 방문하고, 그곳에서 제2의 삶을 만들어가는 사람들을 만난 것도 우리 교육 시스템이 부족한 점을 점검하고 어떤 방식으로 보완하고 개선할 것인지를 고민하려는 이유에서였다.

독일의 성인교육 3단계

독일의 교육 체계를 한국식으로 단순 분류하면 학교교육, 직업교육, 평생교육으로, 3개의 단계로 나눌 수 있다. 이중 성인이 받는 직업교육과 평생교육이 성인 대상의 계속교육에 해당한다. 독일 대부분의 주에서 의무교육은 9년으로 우리와 비슷하다. 이 초·중등과정을 마친 후에 학생들은 대학 진학을 목표로 하는 김나지움과 취업을 목표로 하는 레알슐레 2개의 트랙으로 나뉜다. 레알슐레에 다니는 학생들은 3~4일은 기업체 실습을 하고 1~2일은 직업학교에 다니며 일과 학업을 병행하는 듀얼 아우스빌둥과정을 밟는다. 본격적인 직업교육을 학교 단계부터 받는 것이다.

학생 입장에서 이 제도는 일하면서 배우는 과정을 통해

취업에 대한 전문성을 갖추게 되고, 기업의 입장에서는 회사에 필요한 인력을 직접 키울 수 있는 이점이 있다. 이 프로그램을 통해 배출되는 직업은 보육교사, 은행원, 미용사, 도배사, 정원사, 자동차 정비사 등 340개 직종이 있는데, 직업교육법을 통해 직종과 교육 내용, 훈련 기간과 수료시험 등을 정하고 있다. 듀얼 아우스빌둥과정을 하고 있는 동안에는 임금 협약에 따라 기업으로부터 일정액의 수당도 지급받게 된다. 2023년을 기준으로 훈련생의 최저 수당은 1년차가 월 620유로(한화 약 93만 원)이고 2년차, 3년차, 4년차로 올라갈수록 18퍼센트, 35퍼센트, 40퍼센트의 추가 수당을 받는다.

학습과 직업훈련을 병행하는 이중 교육은 학업 성적이 비교적 낮은 독일 청소년들의 문해력을 높이는 효과를 발휘하는 것으로 평가된다. 2021년 OECD가 발표한 한 보고서에 따르면, 독일의 15~27세 사이의 청년층은 읽기능력에서 OECD 평균을 훨씬 상회하는데 그 원인 중 하나가 직업교육의 효과라고 보고 있다. 의무교육을 마치고 노동시장에 진입하기 전까지 학업과 인턴십을 통한 추가 교육이 지속적으로 이뤄지기 때문에 다양한 형태의 지식을 얻고 경험한다는 것이다. 이 연구는 특히 사회·경제적 배경이 열악한 청년들의 문해력 수준이 상류층 청년들의 수준과 격차가 크지 않다는 사실에 주목한다. 15세 때는 저소득층 청소년이 상류층에 비해 23점 뒤처지지만, 27세가 되면 그 격차가 11점으로 줄어든다. 불리한 환경의 학생들이 그만큼 더 많이 성취했다는 뜻이다. 저소득층 독일 청년들이 이런 성과를 이룰 수 있었던 것은 '이중교육'이 공적 및 사적 자금 지원을 받아 취업과정까지 이탈하지 않고 꾸준히 교육 기회를 가질 수 있기 때문이라고 분석했다.

양질의 직업 훈련을 통해 안정적인 일자리와 전문성을 제공하는 듀얼 아우스빌둥이 대학과정으로 확대된 것이 '듀얼 스투디움Duales studium'이다. 이 이중 학습 프로그램은 대학에서의 학업과 기업에서의 실무 경험을 결합하여 학사 또는 석사 학위를 취득하는 과정이다. IT기술이나 바이오기술 등 첨단 기술 분야의 전문 지식이 요구되면서 과거와 달리 독일 학생들도 직업학교보다는 대학으로 진학해 좀 더 전문적인 일자리를 얻으려는 경향이 강해지고 있다. 대학 진학률이 높아지고 졸업 후 취업 역시 쉽지 않은 일이 되면서 듀얼 스투디움이 있는 전공을 선호하는 학생이 늘고 있다. 독일 철도청Deutsche Bahn, 디에이치엘DHL, 텔사Telsa, 지멘스Siemens, 벤츠Mercedes-Benz 등 독일의 대표적 기업들이 이중 학습 프로그램을 운영하고 있는데, 학생들은 기업에서 실습하며 약 1500유로(한화 약 225만 원)의 월급을 받고 졸업 후

연수받은 기업이나 관련 분야로 취업하거나 석·박사로 진학하여 승진을 위한 발판으로 삼기도 한다.

독일의 어른들은 '계속' 공부한다

이렇게 고등학교와 대학교 단계에서의 직업교육이 끝나고 나면 계속교육의 단계로 접어든다. 독일에서 계속교육은 '일반적 계속교육'과 '직무 관련 연수'로 나뉘는데, '일반적 계속교육'은 직업과 직접적인 관계가 없는 교육 프로그램으로 외국어 수업이나 미디어 역량 수업 등 핵심 역량을 키우는 교육이 여기에 해당한다. 여러 사람이 하나의 팀에서 협업하는 일이 많은 지금의 근무 환경에서 자기주도적으로 일을 추진하고 관리자로서 구성원에 대한 동기를 부여하며 업무 효율을 높일 수 있도록 준비하는 교육이라 할 수 있다. '직무 관련 연수'는 직업 생활에 필요한 지식을 심화하고 보충하여 업무 환경 변화에 적응하기 위한 교육을 의미한다. 대표적으로 마이스터Meister 자격 연수가 있다. 아우스빌둥을 마친 인력이 해당 분야에서 3년 이상의 정식 직업교육을 쌓으면 마이스터 자격 연수를 받을 수 있다.

직장을 다니면서 받는 계속교육에 들어가는 비용은 기

업들이 주로 부담한다. 독일경제연구소Institut der deutschen Wirtschaft가 조사한 설문에 따르면 2019년 독일 기업은 직원들의 계속교육에 1인당 연간 평균 1200유로(한화 약 180만 원)를 지출하는 것으로 나타났다. 또한 계속교육을 위해 투입되는 시간은 대부분 업무 시간으로 산정해서 교육 자체를 업무의 연장으로 여긴다. 이 때문에 직원들도 자신들의 업무 역량을 높이기 위한 교육에 적극적이다. 기업 또한 정보화 시대의 변화에 따라 직원 교육은 회사의 미래를 위한 필수적 투자로 인식하기 때문에 매년 직무 연수 시간은 늘어나는 추세다.

독일에서 만난 한국인 중에 만학도가 되어 제2의 인생을 준비하는 사람이 꽤 있었다. 남은경(가명) 씨도 그중 한 사람이다. 한국에서 신문기자로 오랫동안 일했던 그녀는 몇 년 전 퇴직하고 베를린으로 이주해 대학에서 사회복지학을 전공하고 있다. 그녀는 전공 실습과정으로 난민 캠프에서 일한다. 여러 나라에서 온 난민들은 저마다의 사연을 안고 있으며 언어가 다르다보니 의사소통도 원활하지 않았다. 또 낯선 나라에서 정착해 살아야 하니 정서적으로 불안한 이도 적지 않다. 남의 삶을 위로하고 조언하며 문제해결을 돕는 직업인으로 살아야 하지만, 스스로를 해결사라고 여기지 않는다. 다만 이야기를 들어주고 공감하는 건 잘할 수 있고,

그런 일을 할 때 가장 즐겁고 재미를 느낀다.

은경 씨가 처음 독일에 온 건 특파원으로 파견되었기 때문이었다. 베를린에서 일하는 동안 기자라는 직업을 그만두고 다른 직업으로 전환하고 싶었고, 그때 눈에 들어온 것이 사회복지사였다. 이주 노동자나 난민을 돕는 일을 하면서 타향에서 사는 삶을 글로 쓰고 싶어 과감히 퇴사를 결정했다. 그가 전업을 결심할 수 있었던 데에는 독일의 교육 시스템 덕이 컸다. 국적이 다른 이민자에게도 대학 교육을 무상으로 제공하고, 그 과정에서 직업교육의 수혜도 얻을 수 있기 때문이었다. 이민자라고 해서 배움에 있어 어떤 차별이나 배제를 당한 적이 없다. 이것만으로도 용기를 낼 수 있는 든든한 조건이었다.

독일인 파트너와 함께 살고 있는 또 다른 한국인 여성도 마흔이 넘은 나이에 직업학교를 다니며 세무사가 될 준비를 하고 있다. 한국에서 그녀는 세무나 회계 쪽과는 전혀 상관이 없는 삶을 살았다. 대학에서 신학을 전공했으며, 사회에 나와서는 밴드활동을 하며 지냈다. 그러던 그가 지금은 세무회계 사무소에서 보조로 일하면서 실무를 익히고, 세무사 시험을 위해 공부하고 있다. 한국에서 살고 있다면 전업은 꿈도 꾸지 못할 일이다. 그러나 독일에서는 직업학교만 다녀도 얼마든지 전업을 준비할 수 있고 학비 한 푼 들이지 않고 학생이라는 이유로 주 정부에서 교통비도 지원하기 때문에 인턴십을 받는 월급으로도 최소한의 생활은 가능하다.

이처럼 독일에서는 나이가 몇이든 국적이 어디든 상관없이 직업을 바꾸고 싶으면 언제든 직업학교로 가서 일과 공부를 병행하며 해당 분야의 지식을 배우고 일자리를 구할 수 있다. 물론 의사나 변호사 같이 전문적인 자격시험이 필요한 경우는 예외일 수 있지만 많은 직업을 직업학교나 대학과정의 듀얼 시스템을 통해서 접근할 수 있다.

이와 반대로 한국은 직업을 전환하고자 할 때 선택의 범위가 매우 제한적이고 교육에 들어가는 비용과 시간도 매우 비효율적이다. 직업을 전환하기 위해서는 수업료에서부터 교통비, 생활비까지 모두 개인이 감당해야 하기 때문에 직업을 바꾸고 싶어도 함부로 도전하기가 어렵다. 게다가 힘들게 자격증을 취득해도 써먹을 수 있는 일자리는 많지 않다. 무엇보다 직업훈련교육 기관들의 교육 수준이 천차만별이다. 한국은 직업교육에 대한 예산을 교육생 개개인이 아니라 교육기관에 지급하고 있는데 정작 해당 기관에 대한 평가는 하지 않는다. 이러니 교육생 수만 늘여서 공적 재원을 낭비하는 일도 벌어지고 있다. 직업 전환의 경로를 체계적으로 재정비하고 교육기관에 대한 검증을 통한 교육 수준의 향상, 그리고 교육을 받는 동안 발생하는 비용에 대해서도 개인의 부담을 덜 수 있다면 지금보다 더 다양한 시도들을 하면서 국민의 삶도 훨씬 다채로워질 것이다.

연구하고 토론하는 평생교육

독일은 직업교육뿐만 아니라 평생교육 체계도 잘 갖춰진 나라다. 독일의 평생교육은 매우 체계적이고 입체적이었다. 평생교육이 시민들의 지적 욕구와 자기만족 욕구를 충족시키기 위해 태동하던 역사에서 비롯되었기에 질적 수준과 양적 다양성에서 독보적이다. 또한 시대의 변화에 따라 교양 문예교육, 시민교육, 사회통합교육, 미래기술교육 등 그 성격도 사회의 수요에 맞게 부응해왔다. 현재 독일에 6만 여 개의 평생교육 제공기관이 있으며 이곳에서 강의하는 교수자만 53만 명 정도로 알려져 있다. 독일 연방교육부는 디지털 시대에 맞는 평생교육을 강화하고 성인의 문해력 향상과 소외계층의 교육 기회를 더욱 넓히기 위해 2023년까지 평생교육 참여율을 63퍼센트로 높이는 목표를 세우고 다양한 정책을 추진하고 있다.

전국의 6만 여개 평생교육기관 중 가장 대표적인 기관은 '지역성인교육센터Volkshochschule'다. 모든 시민에게 기초 교육과 실용적인 지식, 직업기술이나 교양 강좌 등을 저렴한 비용으로 쉽게 접근할 수 있는 공공 교육기관으로서 시·군·구 단위의 지자체에서 운영한다. 수업료의 약 60퍼센트는 연방정부나 주 정부의 재정 지원을 받고 나머지 40퍼센트는 수강료로 충당한다. 시민 누구나 생활에서 필요한 수업을 저렴하게 들을 수 있다는 장점이 있으며 외국인과 이민자를 위한 독일어 수업이나 예술, 음악, 스포츠 등 다양한 취미활동도 함께 제공한다.

기존의 대학교가 운영하는 '시민대학Bürgeruniversität'은 인문학이나 철학, 과학 등 수준 높은 교양 강좌를 개설하여 전문적인 연구나 학문적 토론의 기회를 지원한다. 학위과정이 아니라서 별도의 입학 조건은 없지만 대학 교수진과 연구진이 강의를 담당하기 때문에 연구자나 학자, 전문 직업군 종사자 등 고급 교양 교육을 원하는 사람들을 대상으로 주제별 강좌나 세미나 중심으로 운영된다. '가족교육센터Familienbildungsstätte'도 평생교육기관 중 하나로 가족과 관련된 교육 및 지원을 제공하는 공공기관이다. 주로 부모, 자녀, 예비 부모, 조부모 등 가족 구성원을 대상으로 다양한 교육 프로그램을 운영하며, 가족의 건강한 관계 형성과 사회 적응을 돕는다.

독일에서는 평생교육이 단순한 개인의 선택이 아니라, 사회적으로 뒷받침되는 구조를 갖추고 있다. 독일 시민들은 지하철이나 카페, 공원에서도 책을 읽으며 학습하는 모습을 쉽게 볼 수 있는데, 이는 교육에 필요한 경제적, 시간적, 심리적 여유를 제공하는 사회적 시스템 덕분이다. 독일 정부는 자녀 교육과 의료 서비스를 무상으로 제공하고, 노동자 보호 제도를 강화하여 시민들이 학습에 투자할 수 있는 환경을 조성하고 있다. 이러한 사회안전망 덕분에 독일에서는 성인들이 지속적으로 배움을 이어가는 것이 자연스러운 문화로 자리 잡았다.

시민들의 문해력과 교양 수준을 높이는 평생교육 인프라로 공공도서관의 중요성을 빼놓을 수 없다. 독일 전역에는 약 8000여 개의 도서관이 있는데 시민들이 손쉽게 접근할 수 있으며 책뿐만 아니라 음악, 영화 등 다양한 문화 콘텐츠를 무료로 이용할 수 있다. 도서관의 안정적인 구매 시스템 덕분에 출판사들은 양질의 책을 꾸준히 출간할 수 있어 국가의 지적 기반을 튼튼하게 유지하는 역할을 한다. 또한 독일은 스포츠 클럽을 통한 평생교육에도 적극적이다. 약 9만 개의 스포츠 클럽이 운영되며, 시민 누구나 저렴한 비용으로 운동을 즐길 수 있도록 지원받는다. 정부는 클럽 운영비를 지원하고 체육 시설을 제공하며, 이를 통해 시민들의 건강한 삶을 유지하도록 돕는다. 스포츠 클럽은 단순한 여가 활동을 넘어, 공동체 형성과 사회적 교류의 장으로 기능하면서 평생교육의 한 축을 담당하고 있다.

이렇듯 독일의 평생교육 체계는 모든 지역에서, 모든 시민이, 언제든지 배우고 성장할 수 있도록 마련되어 있다고 할 수 있다. 성인이 되어도 계속해서 배움을 이어갈 수 있는 환경은 개인의 지적 성장뿐만 아니라, 사회 전체의 문제 해결 능력을 높이는 데 기여한다. 배움을 특정 연령대에 한정하지 않고 평생 지속되는 과정으로 인식하는 사회는 변화하는 시대에 유연하게 적응하며, 시민들의 삶의 질을 지속적으로 향상시키는 동력으로 작용하게 될 것이다.

고령자를 위한 일본의 세컨드 스테이지 대학

독일이 직업교육과 평생교육의 연계 체계에서 모범 답안을 보여준다면, 일본에서는 고령층의 사회참여와 재교육에 중점을 둔 계속교육의 사례를 배울 수 있다. 일본의 고령자 재교육은 단순한 직업 재훈련이 아니라 인생 2막을 준비하고, 사회와 연결을 유지하며 지속적인 학습을 통해 삶의 질을 높이는 것을 목표로, 대학과 지자체, 기업, 비영리단체NPO 등이 협력하여 다양한 교육 프로그램을 제공하고 있다.

연령과 목표에 따라 교양과 문화 감수성 향상을 위한 자기계발형, 지역사회 봉사와 시민활동에 집중하는 사회공헌형, 그리고 재취업이나 창업을 지원하는 직업재훈련형으로 나눌 수 있다.

그중에서도 일본 도쿄에 소재한 명문대 중 하나인 릿쿄대학은 2008년 일본 최초로 고령자 대상 정규 대학 프로그램인 '세컨드 스테이지 대학' 과정을 개설하고 중·노년층을 대상으로 한 1년 과정의 재교육 프로그램을 시행하고 있다. 입학 지원 자격은 50세에서 75세까지 고등학교 졸업 이상의 학력을 가진 사람이면 누구나 가능하고, 입학금 10만 엔을 포함해 43만 엔(한화 400만 원)을 수강료로 내야 한다. 그럼에도 매년 지원자가 정원 100명을 훌쩍 넘어서 경쟁을 뚫기가 만만치 않다.

수업은 대부분 인문 교양 과목으로 채워져 있다. 기술 교육보다 인생을 행복하게 살 수 있도록 스스로 설계하고 주체적으로 생각하는 자유로운 시민을 양성하는 것이 이 프로그램의 목적이기 때문이다. 학생들은 모두 10명 내외로 구성된 세미나 조직에 참여하게 되는데 지도 교수와 함께 심도 있는 학문적 논의를 하기도 하고 함께 공부하는 동료들과 네트워크를 쌓기도 한다. 입학생은 60대가 절반 정도를 차지하지만 은퇴하지 않은 50대의 비중도 약 25퍼센트 정도나 된다. 직장인도 40퍼센트에 육박해 평일 근무 시간에 있는 수업에 참여하기 위해 휴가를 낼 정도로 열의가 남다르다. 이 세컨드 스테이지 대학 등록생들은 일반 학부과정의 강의도 최대 네 과목까지 들을 수 있는데, 젊은 학생들이 듣는 수업에서도 강의실 맨 앞자리에 낮아 활발하게 질문하고 토론에도 적극 참여한다고 한다. 수강생의 10퍼센트 정도는 과정을 마치고 더 전문적인 공부를 위해 대학원으로 진학한다. 노인이 아니라 학생으로 살아가는 그 시간이 수강생들의 삶에 새롭게 도전할 용기를 불어넣고 있는 것이다.

릿쿄대학의 고령층 재교육 프로그램이 성공을 거두자 와세다대학에서도 2022년에 '라이프 리디자인 칼리지'란 이름으로 비슷한 과정을 개설했다. 와세다대학의 노년 프로그램은 교양Liberal arts, 사회 과제Social issues, 표현과 전승Communication이란 세 가지 과목군으로 커리큘럼이 구성되는데, 이 역시 릿쿄대학과 마찬가지로 1년간 통학해야 하는 비학위 이수 증명 프로그램이다. 수업은 원칙적으로 와세다대학의 니혼바시 캠퍼스에서 주 3일 과목을 들어야 하지만, 일부 교양 과목은 다른 캠퍼스에서 열리기도 한다. 시험은 없지만 수료하기 위해서는 절반 이상 출석해야 하고 과목에 따라 과제도 제출해야 할 때도 있다. 가을과 겨울 학기에는 세미나에 소속돼 전문 영역을 파헤치며 향후 자신의 삶을 디자인한다. 또 와세다대학의 명예교수가 담임을 맡아 1년 내내 수강생끼리의 커뮤니티활동을 촉진한다.

일본의 고령층 재교육 프로그램은 단순한 재취업 훈련이 아니라, 삶의 의미를 찾고 사회와 연결되는 과정이라는 점이 특징적이다. 학문적 배움을 지속하는 것뿐만 아니라 지역사회활동, 비영리기구 참여, 창업, 디지털 교육 등 고령층이 사회적으로 자립할 수 있도록 도울 뿐만 아니라 학생들 간의 커뮤니티 형성을 통해 고립을 예방할 수 있는 장점이 있다. 또 신체적 건강 못지않게 심리적 건강을 유지하도록 도와줌으로써 고령자들 스스로 삶의 질을 높이고 행복을 추구하는 지혜를 가르치는 데 초점을 맞춘다는 점에서 지금까지 보지 못한 새로운 유형의 노인 교육이라 할 수 있을 것이다.

계속교육 중심으로 대학 기능 재편

독일과 일본의 사례를 통해 우리나라의 계속교육이 어떻게 나아가야 할지 방향성을 짐작할 수 있다. 우선 학령인구 감소로 인해 존폐 위기에 처한 대학들을 지역사회의 직업교육 허브 및 평생학습 플랫폼으로 전환할 필요가 있다. 기존의 학사과정을 재편하고 실무 연계형 교육과정을 추가한다

든가 단기 직업훈련과정을 확대하는 방식으로 지역에서 필요로 하는 인재를 육성하는 한편, 일본의 사례를 참고해 성인 및 퇴직자, 고령층 맞춤형과정을 개설하는 방안도 도입할 수 있을 것이다. 또 지역의 기업이나 지자체와 협력하여 지역적 특성에 맞는 인턴십 교육을 확대할 수도 있고 기존 직장인들이 업무 역량을 강화할 수 있도록 주말·야간반을 개설해 단기 수료과정, 자격증과정을 도입할 수도 있을 것이다.

그러자면 몇 가지 갖춰야 할 조건이 있다. 우선은 시민들에게 저렴한 비용으로 직업 전환 및 재교육의 기회를 제공할 수 있도록 법적, 제도적 정비가 필요하다. 계속교육기관으로 전환하는 대학에 대해서는 공적 보조금을 지원하고 성인 학습자를 위한 재교육 장학금도 신설한다면 배움에 목마른 중장년층에게 교육 복지의 혜택을 제공할 수 있다. 기존의 대학 평가 기준 체계도 신입생 수 중심에서 계속교육의 성과 중심으로 재편할 수 있도록 새로운 기준을 마련해야 한다.

또한 독일처럼 중앙정부나 지방정부의 지원만이 아니라 인력이 필요한 기업의 참여와 협조도 적극적으로 끌어들여야 한다. 가까운 지역에서 누구나 필요한 정보와 지식을 취득할 수 있도록 평생교육기관과 도서관, 스포츠 클럽 등 충분한 공공 인프라를 구축해야 하고 시민들 간의 다양한 지적 네트워크가 형성될 수 있도록 지원하는 조직도 갖출 필요가 있다. 하루가 다르게 변모하는 디지털 기술의 습득을 위한 온라인 평생학습 플랫폼을 구축하여 AI나 코딩, 데이터 분석을 실무에서 적용할 수 있도록 돕고 대학 시설을 주민에게 개방하여 커뮤니티 학습 공간으로 활용할 수도 있을 것이다.

이렇게 국가 차원에서 직업훈련 및 평생교육 체제를 새롭게 정비하면 입학생 미달로 운영이 어려운 지역 대학을 되살리는 것은 물론 해당 대학을 지역사회와 연계된 거점교육기관으로서 개인의 자립을 돕고 지역사회에도 공헌하는 주체로 재건할 수 있다. 지역 대학을 학위 중심 교육기관에서 '생애주기별 맞춤형 교육 플랫폼'으로 전환하게 되면 지역의 우수한 연구자와 강사진들에게도 학문의 기회를 지속적으로 제공하여 기초 학문 분야의 생태계도 유지할 수 있다.

요람에서 무덤까지 배우는 사회란 결국 '자람'의 순환 고리를 끊임없이 확장하는 일이다. 학교 단계에서 길러 낸 공감·서사·창의 역량은 성인이 되어 직업·시민·문화 영역에서 다시 꽃피어야 한다. 독일 시민학교·듀얼 아우스빌둥처럼 사회가 시간·비용·제도적 안전망을 갖추면, 사람들은 은퇴 후에도 직업을 바꾸고 학문을 탐구하며 자기 삶의 서사를 새로 쓰는 데 주저하지 않는다. 반대로 대학 졸업과 동시에 학습이 멈추는 한국 현실은 '배움 없는 성장'이 얼마나 취약한지를 보여준다. '자람'은 더 이상 연령의 문제가 아니다. 어린 시절의 이야기 교육과 성인기의 평생학습 정책이 맞물릴 때, 개인은 변화하는 세계를 읽고(해석)-새 길을 설계하며(창의)-공동체와 함께 성장하는(공감) 생애 주기 역량을 완성할 수 있다. 이에 지역 대학을 배움과 생활의 커뮤니티로 재편하는 전략을 마련하는 데 정부와 지자체, 기업, 시민사회가 함께 머리를 맞대고 협력할 수 있기를 기대해본다.

4부

약속

"한 나라 교육의 질이 교사의 수준을 쉽게 넘지 못한다는 말처럼,
공교육의 미래는 교사와 학부모가 함께 쌓아올릴 신뢰의 높이에 달렸다."

7. 경계 없는 배움
: 장애-비장애를 잇는 교육 정의

교육은 누가 먼저 도착하느냐를 겨루는 개인 간의 경주가 아니라, 모두가 함께 건너야 할 다리를 놓는 공동체의 약속이다. 그 약속이 진짜인지 시험받는 첫 자리는 가장 변방에 서 있는 아이들의 교실이다. 장애와 비장애의 경계를 넘어 '같이 살아갈 힘'을 길러내지 못한다면, 우리가 말하는 정의와 연대는 공허한 수사에 머물 수밖에 없다.

"하루를 다 살았는데 그날이 또 반복되는 거예요. 산에는 산꼭대기가 있고 마라톤에는 종점이 있는데, 우리는 어제와 오늘이 똑같아요. 죽을 때까지 오지 않는 버스를 기다리는 것처럼. 달리는 버스에 뛰어들면 모든 게 끝나지 않을까 생각도 했어요." 발달장애 자녀를 키우는 한 어머니의 절규다. 그는 곧 "그래도 살아보자고 다짐한다"[×]고 덧붙인다. '내가 없으면 누가 우리 아이를 돌볼까' 하는 두려움 때문이다.

발달장애 가정은 자녀의 평생을 고스란히 짊어져야 한다는 극심한 돌봄 부담 속에서, 때로 '자녀 살해 후 자살' 같은 비극적인 선택으로 내몰린다. 특히 성인기에 접어든 자녀를 둔 부모들은 경제적·체력적 소진과 깊은 우울이 포개질 때마다 같은 절벽 앞에 선다.

× 이지혜, 「[단독] '장애 아이 미래' 준비 못 해 더 우울하지만…강해져야 했다」, 『한겨레』, 2025.

비극의 밑바탕에는 생애 주기 전체를 아우르는 교육·돌봄 생태계의 빈틈이 있다. 성인기를 위한 직업교육 시스템은 촘촘하지 못하고, 노년기를 대비한 평생교육·지원 체계도 사실상 비어 있다. 학령기 단계에서조차 특수학교·특수학급이 부족해, 부모들은 여전히 무릎을 꿇고 교실을 구한다.

공존, 평등, 조화와 같은 함께 살아가는 가치를 몸으로 익혀야 하는 생애 첫 배움터인 어린이집이나 유치원조차 통합교육이 이루어지지 않고, 내가 살고 있는 지역에서, 내 집에서 가장 가까운 학교에 다른 아이들과 함께 다니며 아이 특성에 맞는 개별화된 특수교육이 이루어지는 완전 통합 학교는 찾기 어려운 현실이다.

우리는 물어야 한다. 발달장애 학생과 그 가족을 '경계'에 머물게 한 채, 과연 교육이 사회적 약속을 다했다고 말할 수 있는가. 영유아기·학령기·성인기·노년기를 잇는 사다리를 놓아야 할 시간은 바로 지금이다. 특수교육을 '교육 정의'의 중심에 세우는 일이야말로 다음 세대에 건넬 가장 절실한 약속이며, 4부에서 우리가 논의할 '사회적 책임'의 출발점이다.

무릎 꿇는 부모

우리가 앞으로 살아갈 사회는 유엔장애인권리위원회 CRPD의 권고처럼 "완전통합사회"여야 하고, 교육 역시 "완전통합교육"이 이루어져야 한다. 특수교육이 통합교육의 환경 안에서 온전하게 이루어져야 하지만 여전히 통합교육은 지향점일 뿐 당장은 장애 학생들을 차별하고 배제하는 현실에 부닥치게 된다. 그렇기 때문에 장애 학생과 부모들은 불가피한 차선책으로 특수학교를 택하게 된다.

2017년, 우리 사회를 충격에 몰아넣은 장면이 있다. 장애 학생의 부모들이 지역 주민들 앞에 무릎을 꿇은 모습이다. 부모들이 눈물을 흘리며 무릎까지 꿇었던 이유는 다름 아닌 '학교' 때문이었다. 서울시교육청은 2013년 말, 강서구의 폐교 부지에 발달장애 학생을 위한 공립 특수학교, 서울 서진학교 설립을 추진했지만, 만 5년이 다 되도록 공사는 시작도 하지 못했다. 지역 주민들의 강력한 반대 때문이었다. 결국 주민공청회 자리에서 장애 학생 학부모들이 특수학교 설립을 허락해달라며 무릎을 꿇고 호소하는 상황에까지 이르렀던 것이다. 무릎 꿇은 부모를 향해 일부 주민은 "쇼하지 말라"며 오히려 더 크게 소리쳤고, "특수학교 때문에 집값 떨어진다"며 혐오 발언을 쏟아내기도 했다. 노골적 차별과 편견 어린 시선에 교육계는 물론, 온 나라가 충격에 휩싸였다. 결국 무릎 꿇은 학부모들의 호소가 사회적으로 커다란 반향을 일으키며 서진학교 설립에 힘이 실리기 시작했다. 서울시교육청과 반대 주민들이 특수학교가 지역사회를 위해 일부 시설을 개방하고 주민 편의를 수용하는 방향으로 극적 타협한 것이다. 2020년 3월, 당초 개교 예정일보다 4년이 지난 시점에서야 서진학교는 문을 열 수 있었다.

서진학교 사태는 우리 사회가 특수학교를 포함한 장애 학생 시설에 대해 지닌 편견과 차별의 심각성을 단적으로 드러낸 사건이자, 특수학교에 관한 인식 전환에 경종을 울리는 중대한 전환점이었다. 교육부 장관으로 재임하던 시절, 서진학교 설립과정을 면밀히 기록한 다큐멘터리 영화 「학교 가는 길」[×]을 세종청사에서 직원들과 함께 관람했다. 관람 후에는 학부모들과 직접 대화하는 시간도 마련했다. 특수교육과 장애 학생 교육 문제에 대한 개인적 관심이 더욱 커지게 된 계기는 2012년 초선 국회의원으로 첫 국감을 마친 즈음의 일이었다. 지역구 내 국립 특수학교인 한국경진학교에서 한 교사가 발달장애 학생을 폭행한 사건이 발생했다. 학교장이 사태를 외면하는 태도를 보이며 상황은 급속도로 악화

× 김정인, 「학교 가는 길」, (주)마로스튜디오, 2021.

됐고, 결국 학부모들은 진상 규명과 재발 방지 대책 마련을 촉구하며 밤샘 농성에 돌입했다.

농성 소식을 접하고 곧장 학부모들을 찾아갔다. 새벽까지 의견을 나누었으나 학교 구성원 사이의 극심한 불신으로 협의를 통한 해결책 모색은 불가능한 상태였다. 당시 국회 교육위 소속이었던 나는 교육부 담당 간부와 함께 현장에서 긴 논의를 지속했다. 그러나 공동체 구성원 사이에 감정의 골이 워낙 깊었던 터라, 문제의 원인과 해법에 대한 합의는 어려울 수 밖에 없었다. 결국, 사태를 수습할 새로운 교장이 부임하는 것으로 해결의 실마리가 풀리기 시작했다. 당초 부모들의 요구는 모든 교실에 CCTV를 설치하는 것이었으나, 이는 교사들의 활동을 위축시켜 장애 학생의 교육 환경에도 부정적인 영향을 줄 수 있다는 점을 고려해 복도 등 필요한 공간에 한해 CCTV를 설치하는 것으로 합의를 이루었다. 논의를 통해 합의점을 찾고 이를 기반으로 무너진 신뢰를 회복해나간 소중한 경험이었다. 나는 이 일로 장애 학생 교육과 특수학교 문제에 더욱 관심을 기울이기 시작했다.

나의 1호 법안, 특수교육법 개정

2013년 3월, 국회의원으로서 대표 발의해 처음으로 본회의를 통과시킨 법안은 「장애인 등에 대한 특수교육법 일부 개정법률」로 특수학교 기숙사에 간호사 또는 간호조무사를 의무적으로 배치하도록 규정하는 내용을 담은 법안이었다. 법안 추진 계기는 당시 특수학교 기숙사에서 발생한 사고였다. 기숙사에서 한 장애 학생이 급성질환으로 위중한 상황에 처했으나, 제때 적절한 치료를 받지 못해 비극적인 사고가 발생했던 것이다. 이 사고로 특수학교 기숙사에 24시간 응급 상황에 대처할 수 있는 간호 인력이 필수적으로 배치해야 한다는 인식이 확산됐고, 관련 법안도 본회의를 통과할 수 있었다.

장애 학생 학대 사건을 빠르게 수습하고 특수교육 관련 법안을 발의하는 등 대책 마련에 꾸준히 힘썼지만, 장애 학생 학대 사건은 끊이지 않았다. 2018년 교육부 장관으로 취임한 이후에도 특수학교인 서울 인강학교에서 사회복무요원이 장애 학생을 상습적으로 폭행하고 학대한 사실이 드러나 큰 파장이 일었다. 심지어 장애 학생을 캐비닛이나 책상 밑에 감금하는 가혹 행위까지 저지른 사실이 밝혀져 커다란 충격을 주었다. 게다가 내부 직원의 제보에도 불구하고 학교 측은 폭행 사실을 묵인했으며 학대 혐의가 있는 교사들을 업무에서 배제했다가 다시 복귀시키는 등 문제를 은폐하고 축소하며 적절한 조치를 하지 않은 사실이 밝혀졌다. 긴박하게 학교 현장을 찾아 피해 학생의 부모, 학교 관계자들과 긴급 간담회를 가졌고, 특수학교에 대한 관리·감독을 강화하고 재발 방지 대책을 마련하겠다고 밝혔다. 이후 전국 특수학교 150곳에 대한 전수 조사를 실시해 특수학교 인권 실태를 점검했고, 논란이 된 사립 인강학교를 공립 특수학교인 서울 도솔학교로 전환했다.

국회의원으로서 지역구 특수학교인 경진학교의 학부모들과 협력해 문제를 해결하고, 장애인 관련 법안을 대표 발의해 통과시키는 과정에서 깊어진 특수교육에 대한 관심은 교육부 장관으로서도 전국 특수학교의 인권 실태를 점검하며 장애 학생 학대를 근절하고 특수학교 교육의 질을 높이기 위해 노력하는 것으로 이어졌다. 일련의 과정을 통해 장애 학생 학부모들과 신뢰관계를 형성하고 좀더 지속적인 관계로 발전해나갈 수 있었다. 그러는 사이, 2012년에 처음 만난 경진학교 학부모의 자녀들도 어느덧 이제 청년이 되었다. 장애 학생 학대를 방지하고 아이들이 더 나은 교육을 받을 수 있는 안전한 교실을 만들려 부단히 노력했던 당시 학부모들은 청년의 얼굴을 한 자식 앞에서 다음 고민에 맞닥

뜨린다. 장애 학생이 성인으로서 오롯이 자립하기 위한 일과 직업에 관한 고민이었다.

발달장애인의 자립과 독립을 위해

'고등학교 졸업 후에는 어디로 가야 할까요?'

고등학교 졸업식은 으레 열기로 가득하다. 성인이 된 아이들은 대학으로, 일터로, 더 넓은 세상을 향해 힘차게 달려나갈 준비로 잔뜩 부풀어 있다. 부모는 꽃을 건네며 졸업을 축하하고 이제 성인으로 당당히 홀로 설 아이들을 뒤에서 응원한다. 그러나 발달장애 자녀를 둔 부모는 자녀의 고등학교 졸업을 마냥 축하할 수만은 없다. 자립과 독립이야말로 성인기의 가장 중요한 목표지만, 발달장애 자녀들에겐 힘겨운 도전이자 평생의 과제이기 때문이다.

발달장애 학생이 고등학교를 졸업하면 전공과에 진학(특수교육 대상자 중 35퍼센트 정도)하거나, 취업 또는 대학 진학, 복지관 등에 다니게 되지만 이 또한 녹록하지 않다. 전공과는 원하는 학생이 많아서 경쟁을 하거나 뽑기를 하기도 하는데 전공과 과정을 마친 후에도 학생들이 진출할 곳이 마땅치 않은 현실이다. 부모들이 간절히 원하는 것은 전공과 졸업 이후의 '지속 가능한 삶'이다.

특수학교를 졸업한 장애 학생들의 진로와 직업에 대한 고민은 장애 자녀를 둔 모든 부모의 공통된 비애다. 성인이 된 자녀의 삶을 누구도 책임져주지 않는다는 절망감에서 비롯되기 때문이다. 장애 학생 부모들은 오랜 시간 진로 및 직업교육에 대한 근본적인 대책 마련이 시급하다며 끊임없이 문제를 제기했다. 이러한 요구가 문재인 정부 정책에 반영되어 세 가지 특성화학교가 추진되었다. 공교육 안에서 학교를 졸업한 장애 학생들이 지속적인 진로 및 직업교육을 받을 수 있도록 접근성을 확대하는 것이 시급한 당면 과제였기 때문이다.

직업교육 확장한 특성화 특수학교의 결실

문재인 정부 시절, 장애 학생의 고등 및 평생교육 접근성 확대를 위한 특성화 특수학교 설립을 추진했다. 공주대 부설 특수학교와 부산대 부설 예술 특성화학교, 한국교원대 부설 체육 중고등 특수학교다.

공주대 부설 특수학교는 국내 최초의 발달장애 고등학생 대상의 직업 특성화학교로, 2021년 12월 문재인 대통령 부부가 직접 기공식에 참여했고, 2024년 9월 개교했다. 발달장애 학생들이 자립을 준비할 수 있도록 지원하며 국가직무능력표준NCS에 기반한 실무 중심의 직업교육을 운영하고 있다. 디지털문화과(미디어 콘텐츠 제작, 사무 지원), 휴먼서비스과(돌봄·보육 지원, 식음료 서비스), 바이오산업과(조리·식품 가공, 스마트농업) 등 총 3개 학과과정, 6개 진로 선택으로 운영 중이다. 이 중 바이오산업과정 스마트농업 분야에 대한 교육 지원을 강화하기 위해 2025년 7월, 천안에 위치한 사립 전문대학인 연암대와 스마트농업 분야 교육 지원을 위한 업무협약MOU을 체결했다. 이번 협약을 통해 2025년 하반기 교내 스마트 팜 실습실에 식물 공장을 설치할 예정이며, 이후 스마트 팜 온실 등 실습 시설을 단계적으로 확대해 나갈 계획이라고 밝혔다. 같은 해 9월에는 충남을 대표하는 자율형 공립고인 공주고등학교와 학생 성장 지원 및 상호 협력을 위한 업무 협약을 체결했다. 이를 통해 교육 프로그램 및 진로·직업 체험을 공유하고 합동 동아리·체육대회·문화 행사 등 교류활동은 물론, 학생 간 멘토링, 학교 시설 및 기자재 공동 활용 등 다양한 분야에서 실질적인 협력 체계를 구축해나가기로 했다. 지역사회 안에서 발달장애 학생과 비장애 학생이 서로 배우고 성장하는 새로운 교육 모델을 실천할 주요한 계기로, 앞으로도 다양한 학교와의 연계를 통해 장애 학생들의 진로 역량과 자립 역량을 키워나가길 기대해본다.

부산대 부설 예술 특성화학교는 장애 학생이 예술활동으로 진로를 찾아나갈 수 있도록 추진된 사업이다. 2018년 국정 과제로 선정되어 2020년 3월 업무협약 체결을 통해 설립이 확정되고 2022년 3월 개교를 목표로 설립을 추진했다. 장애 학생에게 예술 교육을 체계적으로 제공하는 국립대 최초의 부설 특수학교이자 세계에서 두 번째로 설립되는 전국 단위 예술특수학교로서 그 의의가 상당히 컸으나, 부지 문제 등 난항을 겪으며 2025년인, 지금까지도 개교하지 못한 상황이다. 최근에야 착공을 위한 합의와 협의를 진행하는 단계에 와 있다는 소식을 접했다.

마지막으로 한국교원대 부설 체육 중고등 특수학교는 체육활동 분야에 재능과 소질이 있는 장애 학생들을 위한 특수학교다. 2021년 6월에 설립을 발표한 후, 2025년 10월에 착공식이 진행됐다. 2028년 3월 개교를 목표로 첨단 재활·훈련 공간, 스포츠과학 시스템을 갖춘 맞춤형 교육 공간을 조성할 계획이다. 또한 무장애 캠퍼스와 스마트 교육 환경을 구현하고, 지역사회와 연계한 개방형 프로그램을 도입해 장애 학생들이 잠재력을 최대한 발휘할 수 있도록 지원할 계획이다.

특수교육-지방정부-지역 대학의 협력 거버넌스

특성화 특수학교를 설립하는 과정에서 반대 여론이 없었던 것은 아니다. 그러나 과거 서진학교를 비롯한 특수학교 설립과정이 사회적으로 큰 쟁점이 되면서 지역사회의 이해를 구하고 협력하며 추진해나가는 과정이 조금은 나아졌다고 평가한다. 다만 특성화 특수학교들이 각 지역 국립대학의 부설로 추진되었기에 '왜 국립대학 부지에 굳이 장애 학생을 위한 특성화학교를 설립해야 하는가?'에 대한 이견과 반대 의견은 존재했다. 이는 '지역 소멸 시대의 지방정부와 대학의 협력'이라는 맥락에서 설명할 수 있다. 현재 지역 대학은 학령인구 감소에 직면하며 지역사회와의 연대를 모색해야 하는 시대적 상황에 놓여 있다. 또한 지역 경제 활성화를 위해 지역의 핵심 산업과 대학을 연결하는 인재 양성의 허브 역할을 해야 하는 과제에도 당면해 있다. 그런 맥락에서 국립대학교 부설 특성화 특수학교 설립은 특수교육의 진일보이자, 협력적 거버넌스를 바탕으로 지역 대학의 또 다른 돌파구를 마련했다는 측면에서 긍정적인 정책 방향이라 할 수 있다. 최근 충청대의 행보도 이와 같은 맥락에서 살펴볼 만한 우수한 사례다.

청주시에 위치한 사립 전문대학, 충청대는 발달장애인 근로자들을 위한 고등직업교육 전문 학위과정을 개설했다. 지역 내 작업장에서 일하는 성인 발달장애인들을 자율 모집으로 뽑아 이들의 직무를 고려한 별도의 전공트랙을 개설한 것인데 발달장애인 고등직업교육의 새로운 지평을 열었다고 평가받는다. 대표적인 작업장은 청주시 담쟁이장애인보호작업장이다. 발달장애인들이 담쟁이 국수와 임가공품을 판매하는 업체로써, 근로자들은 하루 4시간, 주 4일 일하고 최저임금을 보장받는다. 여기서 한발 더 나아가 충청대와 손을 잡고 이들의 대학 진학을 돕기로 한 것이다. 발달장애인은 한 가지 공정에 집중할수록 숙련도가 높아져 수행 능력이 월등히 성장하는 특징이 있기 때문이다. 담쟁이작업장에서 함께 일해온 18명의 발달장애인이 충청대의 25학번 동기로 새로운 출발선 앞에 섰다.

더불어 충청대는 전국 최초의 발달장애인 중심의 표준 사업장인 의류기업 라온유니폼과 손을 잡고 장애인 11명과 보호자 4명을 전문학사 패션메이커스 트랙 신입생으로 모집했다. 직무능력 향상을 위한 재봉틀 수업은 물론이고, 패션디자인과 캘리그라피, 소묘, 스케치 등 패션 예술 분야를 집중적으로 학습하며, 배리어프리Barrier-Free 패션 디자인을 통해 몸에 편안하게 맞는 유니폼 디자인에 도전할 예정이다. 송승호 충청대 총장은 "장애 학생들이 자신의 꿈을 실현할 수 있는 교육 기회를 제공하는 것은 대학의 사회적 책임"이라며, "패션과 문화예술 분야에서 경쟁력을 갖추고 자립할 수 있도록 최선을 다하겠다"고 강조했다. 정순자 라온 유니폼 대표 역시 그동안 고등교육의 문턱을 넘기 어려웠던 발달장애 학생들에게 이러한 과정 개설이 새로운 전환점이 될 것이라 기대하면서 현장에서 활용할 수 있는 실무교육을 통해 학생들이 안정적인 일자리를 가질 수 있도록 적극 지원하겠다고 밝혔다. 실제로 충청대에 직접 방문해보니 학령인구 소멸 시대에 지역 대학의 생존 전략을 적극적으로 고민하고 있었고, 특히 전문대학이 직업교육 및 진로 연계에 중점을 두어야 한다는 명제에 충실하며 모범적인 사례를 구현하고 있다고 느꼈다. 지역 기업과 연계해 발달장애인들의 직업 진로를 준비시키기 위한 맞춤형 코스를 운영한다는 점은 매우 고무적이었다.

2025년 9월, 충북교육청은 충청대와 '캠퍼스 융합형 전공과 운영을 위한 업무협약'을 체결했다. 충북 지역에서 특수학교 고등학교과정을 졸업하고 전공과에 진학한 학생들이 2026년부터는 대입과정을 거치지 않고도 충청대에서 비교과 형식으로 전공실습을 받을 수 있도록 한 것이다. "실제 대학에 입학하지 않아도 장애 학생들이 대학에서 수업을 들을 수 있어 진학 또는 취업을 보다 더 구체적으로 지원할 수 있게 됐다"는 평가다. 교육청 창의특수교육과 관계자는 "대학뿐 아니라 취업을 원하는 학생에게도 대학의 실습 공간과 다양한 프로그램을 제공해 실제 취업에 큰 도움이 될 것"이라고 설명했다.

장애 학생들이 자기 직업을 가지고 최소한의 자립을 위한 경제활동을 영위할 수 있도록 지원하는 직업훈련과 교육이 이미 여러 곳에서 시작되고 있다. 아울러 진로의 다양성을 확보할 수 있도록 특성화 특수학교 설립도 정책적으로 추진 중이다. 오랜 시간이 걸렸지만, 우리 사회에서 장애인의 자립과 지속 가능한 삶에 대한 인식의 변화와 정부 정책 및 제도의 변화가 일어나고 있는 것이다. 이러한 변화는 앞으로가 더 중요하다. 장애 학생의 인구가 지속적으로 증가 추세에 있으며 우리 사회도 더욱 다양성을 띠게 될 것이기 때문이다. 이러한 시대 방향에 발맞춰 좀더 적극적으로 대안을 마련할 필요성이 대두되고 있다. 발달장애 아이들이 성인으로서 스스로 삶을 지속 가능하게 영위할 수 있도록 지역사회와 함께 준비하는 과정이 무엇보다 중요하다. 그 중심에 지역 대학이 있다. 지역 안에서 아이들이 자기 정체성과 자립과 독립의 미래를 주체적으로 상상할 수 있도록 돕는 것이 무엇보다 중요하다.

'공동돌봄'을 먼저 준비한 김성주 주교

김성수 주교는 1974년 우리나라 최초의 발달장애인 특수학교이자, 국내 최초로 종교 재단이 설립한 특수학교인 성베드로학교의 초대 교장이다. 무려 1970년대부터 발달장애인의 교육과 자립에 관심을 기울였던 김성수 주교는 성베드로학교 학생들이 졸업한 뒤에 갈 곳이 없다는 것을 깨닫고 직업교육과 성인으로서 자립을 도울 수 있는 터전을 만들기로 결심한다. 부친에게 유산으로 받은 고향 강화의 땅을 기증해 발달장애인 직업 재활 시설이자 재활 공동체, '우리마을'을 설립한 것이 2000년이다. 당시 김 주교가 장애인 직업 재활 시설을 만든다고 했을 때 길상면 주민 누구도 반대하지 않았다.

설립 이후 '우리마을'은 콩나물 공장부터 양계장, 전자부품 조립공장, 제과제빵 공장 등 다양한 시도를 통해 성인기 발달장애인의 자립을 지원하고 있다. 특히 콩나물 공장은 풀무원에 제품을 납품하는 체계까지 안정적으로 구축했다. 서로를 모두 '친구'라 부르는 발달장애인들은 정당한 노동의 대가로 임금을 받으며 경제활동에 참여하고 있다. 각자 80~100만 원 이상의 수익을 올리며 받은 월급으로 기숙사비를 내고 저축하고 기부도 하면서 홀로 서는 법을 배운다. 발달장애인 중 한 명이 첫 월급을 받아 부모님에게 속옷을 선물했을 때는 집안이 온통 울음바다가 되고 온 동네가 효녀라며 칭찬을 보냈다고 한다. 또, 동네 주민들을 문화 행사에 초대해 식사를 대접하며 함께 즐기기도 했다. 이는 "장애인 한 사람 한 사람이 사회의 주체로 도움을 주며 살 수 있고, 지역사회와 소통하고 교류하며 온전한 구성원으로 살 수 있다는 걸 보여"[×]준다. 이것이 진정한 자립의 모습이 아닐까?

1974년에 설립된 성베드로학교도 어느덧 50년, '우리마을'이 문을 연 지도 25년이다. 학교 졸업생도, 콩나물 공장 근로자도 서서히 늙어갔다. 어느덧 그들의 노후를 생각할 때가 온 것이다. 사회에서도 50세면 퇴직을 고민하고 노후를 걱정하는데, '우리마을'에 있는 친구들이야말로 퇴직 후에 갈 곳이 없다. 노년에 접어들 발달장애인을 위한 대비가 시급하다고 느낀 김 주교는 남아 있던 재산마저 기부해 발달장애인의 그룹홈을 짓기로 한다. 발달장애 노인들이 편안하게 노후를 보낼 주거 공동체를 조성하기 위해서였다.

구십이 넘은 나이, 건강이 불편한 상태임에도 김 주교는 이 일을 마지막 꿈이자 소명으로 여기며 오랜 시간 매진해

× 이지은, 「"콩나물, 일할 때" 가장 행복한 우리마을 사람들」, 『한겨레』, 2019.

왔다. 콘서트를 개최하고 기부금을 모금하는 등 다방면에서 노력을 기울이며 장기간 추진해온 숙원 사업이었다. 중간에 숱한 곡절을 겪었지만 마침내 2025년 10월 은퇴한 발달장애인이 안정적이고 행복한 노년을 보낼 '발달장애 노인 그룹홈'의 기공식이 열렸다. '우리마을'의 이야기는 발달장애인들의 노후를 사회적으로 돌볼 시설이나 시스템이 부재한 현실을 단적으로 보여준다. 발달장애 학생의 학교교육 문제에서 한 발 나아가, 이제 생애 주기별 관점에서 교육을 바라볼 때라는 점을 시사한다. 지금도 발달장애 학생이 급속하게 증가하고 있기 때문이다.

아동 100명 중 2.6명이 '자폐스펙트럼'

보건복지부가 발표한 현황에 따르면 국내 18세 미만 아동 인구는 2011년에서 2024년까지 13년간 30퍼센트 가량 감소했지만, 장애 학생 수는 늘었다. 같은 기간 15퍼센트 가량 증가한 것이다. 장애 학생 인구 증가의 주요 원인으로 자폐성·지적장애를 포함하는 발달장애 학생 증가가 꼽힌다. 18세 미만 발달장애 학생 수는 꾸준히 증가해 2023년 기준 9만 명을 넘었다. 발달장애 중 유독 가파른 증가세를 보이는 질환은 자폐스펙트럼 장애다. 보건복지부 통계에 따르면 법적으로 등록된 통계만 봐도 2018년 2만6703명에서 2022년 3만7603명으로 70퍼센트 증가했다. 우리나라 7~12세 아동 100명 중 2.6명이 자폐스펙트럼 장애를 갖고 있는 것이다.

발달장애가 발생하는 원인은 다양하며 생물학적 요소뿐만 아니라 여러 환경적 요인 등이 영향을 미치는 것으로 얘기되고 있다. 다만, 최근 코로나19를 거치며 증가가 더 가속화됐다는 데는 학계도 공감하는 부분이다. 2019년부터 2021년까지 영유아와 초등학생 발달장애 수가 21.2퍼센트 폭증했다. 고대구로병원 소아신경과 은백린 교수는 "코로나19가 영유아 발달에 큰 악영향을 미쳤다"며 "두뇌가 급격히 발달하는 시기에 마스크를 착용해 언어적 상호작용을 충분히 하지 못했고, 사회적 거리두기로 인해 비언어적 사회 소통능력과 사회성을 기르는 기회도 완전히 막혔다"고 설명했다. 코로나는 발달장애 학생 수의 절대적 증가뿐 아니라 장애 자녀를 둔 가정에도 심각한 악영향을 미쳤다. 한국보건사회연구원의 연구보고서에 따르면 발달장애 자녀를 둔 부모의 자녀 살해 후 자살 사건이 코로나 시기에 약 세 배가량 증가한 것으로 나타났다. 사회적 거리두기가 시행되고 공공시설 이용이 불가능해지면서 돌봄 압박이 커졌고, 더욱 심화됐기 때문이다. 사회적 재난 상황에서 발달장애 자녀를 둔 가족의 어려움이 얼마나 큰지 유추할 수 있다.

발달장애 자녀를 둔 가정의 이러한 어려움에도 불구하고 이들을 보살필 제도는 여전히 부족하고 편견 어린 시각 또한 뿌리 깊다. 장애 학생 학부모들은 특수학교 설립을 촉구하며 2025년인 지금도 여전히 무릎을 꿇고 있다. 2025년을 기준으로 지난 10년간 서울 시내에 지어졌거나 지어질 예정인 공립 특수학교는 모두 6곳이다. 그러나 설립 추진 과정은 그야말로 가시밭길이다. 폐교한 성수공고 부지에 설립 예정인 지체장애 학생을 위한 특수학교, 성동구 성진학교는 2029년 3월 개교를 목표로 하고 있으나 지역 주민의 반대와 장애 학생 학부모의 의견이 첨예하게 대립하는 상황이다. 학부모들은 "교육은 생존권"이라며 눈물로 호소하며 또다시 무릎을 꿇었다. 다행히 2025년 9월, 성진학교 설립 계획안이 서울시의회 교육위원회를 통과하며 첫 관문은 넘었지만, 학교가 실제로 문을 열기까지 교원 확보와 예산 편성 등 첩첩산중 같은 난관이 남아 있다. 주민 반발로 여덟 번이나 부지를 바꿔야 했던 중랑구의 동진학교는 계획 수립부터 무려 14년 9개월이 걸려 2027년 9월 개교 예정이다. 특수학교 설립은 장애 학생에 대한 우리 사회의 뿌리 깊은 편견이 여전히 지속되고 있음을 보여준다. 특수학교 설립을 위해 무릎을 꿇었던 2017년 서진학교부터 2025년의 성진학교까지, 여전히 특수학교 설립을 두고 찬반 의견이 격돌하는 동안, 특수교육을 담당하는 교사들은 점점 지쳐가고 있다.

교사를 소모하며 유지하는 특수교육의 현실

현재 특수교육 기관에는 크게 특수학교와 특수학급이 있다. 특수학교는 장애 학생들만 모여 전문적인 교육을 받는 독립된 학교이고, 특수학급은 일반 학교 내에 설치되어 비장애 학생들과 함께 생활하며 교육을 받는 학급을 이른다.

2025년 기준 전국 특수교육 대상자 수가 5만 명을 넘었지만, 여전히 10명 중 1명 이상은 신청한 학교에 배치되지 못한 것으로 나타났다. 교사노동조합연맹이 2022~2024년 특수교육 연차 보고서를 분석한 결과, 전체 학생 수는 계속 감소하고 있는 반면, 특수교육 대상자는 2022년 10만 3695명(1.78퍼센트), 2023년 10만9703명(1.92퍼센트), 2024년 4월 기준 11만5610명(2.03퍼센트)으로 매년 증가 추세였다. 2020년과 비교하면 5년 증가율이 21.2퍼센트에 달했다. 이처럼 특수교육 신청자는 꾸준히 늘고 있으니 특수학급에 학생이 몰리는 과밀 현상이 발생할 수밖에 없는 것이다. 현행법상 특수학급의 법정 정원 상한은 유치원 4명,

초·중학교 6명, 고등학교 7명이나 시·도 교육청 대부분이 특수학급 과밀 문제를 겪고 있다. 특수교육 대상자가 매년 빠르게 증가하면서 이제 특수교육이 공교육의 필수적인 교육정책의 하나로 자리매김해야 하는 상황인데도 특수학급의 과밀 해소를 포함해 통합교육을 위한 방안은 여전히 요원하기만 하다.

특수학급의 과밀은 교사 노동을 벼랑 끝으로 내몬다. 2024년 10월, 인천의 한 초등학교 특수교사는 법정 정원 6명을 초과한 8명의 학생—그중 절반이 중증 장애 학생—을 홀로 맡아 주당 29시간 수업을 소화하다 과로로 숨졌다. 정원을 넘기면 학급을 증설하도록 되어 있지만, 교육청은 기준을 임의로 9명으로 높여 교사의 증원 요청을 외면했다. 사건 이후 기간제 교사를 긴급 투입했으나, 여전히 특수교사 1인당 학생 수는 7.5명으로 법정 상한을 웃돈다. 현장은 "땜질식 지원 한 명보다 공간 확보와 정교사 증원이 먼저"라고 절규한다. 이 비극은 '한 아이도 놓치지 않겠다'는 통합교육의 약속이 교사의 과로 위에 세워져 있다는 사실을 드러낸다. 다음 장에서 살펴볼 교권과 노동조건의 재구성이 없는 한, 포용 교육 역시 지속될 수 없다.

모두의 삶을 품는 교육

2007년에 제정된 「장애인 등에 대한 특수교육법」은 '통합교육'을 선언했지만, 부모가 교육권을 호소하고 교사가 과로로 쓰러지는 오늘의 교실은 현실의 법조차 따라가지 못한다. 선언을 일상으로 바꾸기 위해 우리는 분리된 특수학교 확충이 아니라 '통합'의 질을 높이는 몇 개의 정책 톱니가 맞물려 돌아가야 한다.

첫째, 거점 통합교실을 중심으로 한 단계적 교실 개조다. 전국 모든 초등학교에 교실 한 칸씩을 무장애·다감각 학습 환경으로 순차적으로 리모델링하고, 학생 400명 이상 학교에 추가 교실 또한 순차 확대한다. 신·증축 학교는 2033년부터 전 교실을 유니버설 디자인UDL 규격으로 짓도록 건축 기준을 바꾼다. '하나의 거점 교실'을 학년별로 순환 사용하게 하여 모든 아이가 통합 환경을 경험하면서도 초기 예산과 공사 부담을 절반 가까이 줄이는 방안을 찾는다.

둘째, 공동 담임·조합형 수업 비율제 확대다. 장기적으로는 일반 교사와 특수 교사가 한 교실에서 팀티칭을 하여 모든 학생이 같은 텍스트에 접근한다. 일반 학급에 통합지원 교사를 단계적으로 배치하고, 농어촌·저밀도 지역에는 국고 매칭으로 인건비를 지원한다. 주·월간 협의 시간을 제도화해 두 교사가 평가 기준과 보조 공학 활용 계획을 함께 설계하면 수업의 질이 균질화된다.

셋째, 권역별 통합교육 지원 센터를 설치해 초기 조기 개입, 수업 컨설팅, 돌봄·진로 서비스를 원스톱으로 제공한다. 운영비는 국고와 지방비 비율을 적정하게 조절하여 '일몰 없이' 매칭하며, 성과 지표에 통합 학급 유지율을 반영해 지원 센터가 교실 개선과 실제로 연결되도록 한다.

넷째, 포용적 진로·직업 경로를 구축한다. 직업계고교와 전문대의 실습실을 유니버설 디자인으로 개조하고, 대학 취업지원센터가 개별 지원 계획 기반 멘토링을 제공해 장애·비장애 학생이 한 공간에서 배우고 일하는 길을 연다.

다섯째, 통합교육 가중치-기반 재정 프레임을 도입한다. 학생 1인당 교육비 산정식에 '통합교육 가중치'를 별도 계정으로 편성해 일반 학교도 추가 인력·시설비를 안정적으로 확보하도록 하고, 성과 지표를 '배제 감소율'과 '통합학급 지속률'로 설정해 숫자로 통합의 질을 관리한다.

이처럼 갈등과 재정 부담을 미리 설계도에 반영하고 이를 '사회적 약속'으로 정해 놓을 때 다섯 톱니는 현실 속에서 맞물린다. 그 순간 부모는 눈물이 아닌 권리로, 교사는 희생이 아닌 전문성으로 교단에 설 수 있다. '모두의 삶을 품는 교육'은 관념이 아니라, 누구도 변방으로 밀려나지 않는 일상의 질서가 된다.

한 명, 한 명 모두가 소중한 아이들이다. 장애 학생이라고 예외일 수 없다. 몸과 마음이 더 불편하다면, 오히려 더 세심히 돌봐야 할 책임이 우리에게 있다. 다름의 차이를 존중하고 함께 성장하는 교육, 그곳에는 변방이 없다. 이것이 우리가 다음 세대와 맺어야 할 가장 큰 사회적 약속이다.

8. 교사는 죽을 만큼 힘들다
: 교권·노동 보호라는 사회적 약속

"일타 강사도 학원 운영하면서 교육청 공문 처리한 뒤 보고하고, 시스템에 학생 행정 사항 입력 처리하고, 학생 생활지도에, 학생·학부모 상담, 각종 평가 출제 및 채점하고, 학생 피드백 및 학생 생활 전반에 대한 서술식 평가 자료 다 기록해 남기고, 그리고 자투리 시간에 수업 연구하고, 수업 자료 개발하라 시키면 돼. 그럼 그 일타 강사도 그냥 교사 되는 거야."

'왜 학교에는 일타 강사가 없느냐'는 글에 어느 교사가 올린 댓글이다. 교사들은 여전히 지독한 업무 폭탄에 시달린다. 학부모들의 과도한 민원도 여전하다. '고위험 학부모'라는 말까지 생겨났다. 해마다 학부모의 지나친 민원에 지친 교사들이 스스로 세상을 등진다. 교원 10명 중 6명은 학부모들이 통화하는 과정에서 녹음하는 것을 막을 수 있는 기기를 구입하고 싶다고 했다.

모두 담임교사를 맡지 않으려 한다. 담임 수당은 여전히 월 20여만 원 정도다. 실수한 교사는 쉽게 징계 대상이 된다. 지난 5년간 고소를 당한 교사가 1252명이다. 하지만 잘 가르치는 교사에 대한 보상은 여전히 멀다. 그것을 측정할 제도적 장치는 허술하기 짝이 없다. 그렇게 교사들이 학교를 떠난다. 빈 교실에서 눈물 안 흘려 본 교사가 있을까? 국회의원 한 명 한 명이 곧 헌법기관이듯, 교사 한 명 한 명이 학교이며 교육기관이다. 우리는 흔히 아이들이 학교에서 행복해야 한다고 말한다. 함께하는 교사들이 행복하지 않다면 아이들이 어떻게 행복할 수 있을까?

반복되지 않는 추모와 멈추지 않는 과제

2025년 5월 말, 경기도청 1층 로비에 설치된 추모 분향소에 다녀왔다. 끊임없는 학부모 민원과 폭언에 시달리다 스스로 생을 마감한 제주 중학교 교사를 추모하기 위해서였다. 검은 리본 사이로 두 해 전 세상을 떠난 서이초 교사의 이름이 자연스레 떠올랐다. 그 비극 직후 교육 당국은 학교마다 민원 전담팀을 꾸리며 '교사 보호'를 약속했지만, 여전히 교사는 그 약속을 체감하지 못한다. 안전하고 존엄하게 가르칠 교사의 권리를 지키지 못한다면, 우리는 배움의 사다리를 다음 세대에 잇겠다는 사회적 계약 자체를 저버리는 셈이다. 문제는 해결되지 않았고, 비극은 이름만 바뀌 계속되고 있다.

2023년 여름, 나는 독일행 연수를 준비하던 중 서이초 교사의 비보를 접했다. 저연차 교사가 자신이 근무하던 학교에서 극단적 선택을 한 사실만으로도 충격적이었는데, 그가 학교 폭력 업무와 학부모의 폭언에 시달렸다는 소식이 이어지자 여론은 순식간에 들끓었다. 교문 앞에는 추모 꽃다발이 끝없이 이어졌고, 언론은 '교권 붕괴'와 '학부모 갑질'을 두고 설전을 벌였다. 수만 명의 교사들이 검은 옷을 입고 거리로 나와 "교사의 생존권을 보장하라"고 외칠 때 가슴이 먹먹했다. 그동안 교사들이 겪은 고통이 수차례 사회문제로 떠올랐지만, 마땅한 해법은 내놓지 못했다.

장관으로 일하며 만난 교사들은 입을 모아 "아이들을 가르치는 일에만 집중할 수 있게 해달라"고 호소했다. 과도한 행정업무와 학부모 민원 처리에 지쳐 학생 지도에 전념할 수가 없다는 것이다. 중앙부처 지침과 특별교부금 사업이 쏟아지지만, 개인 휴대전화로 시도 때도 없이 걸려오는 민원 전화를 받느라 사생활도, 주말도 온전히 보장받지 못한다고 했다. "국민이라면 누구나 누려야 할 기본적인 인권이 교사에게만큼은 예외인 것 같다"는 절망도 들렸다.

아이들은 점점 다루기 어려워지고 학부모는 교사의 말을 믿지 않았다. 코로나19로 학교 공간에서의 만남이 끊기자 교육 주체(교사·학생·학부모) 간 소통은 더욱 어려워졌다. 전문가로 존중받아야 할 교사의 지위가 흔들릴수록, 교사들의 체념도 깊어졌다.

"교육의 질은 교사의 질을 넘어설 수 없다"는 말이 있다. 최신 시설과 잘 짜인 교과과정이 있어도, 교사가 지쳐 있다면 교육은 무너진다. 쏟아지는 업무와 민원 속에서 학생을 제대로 이해할 시간도 없이 교단에 서는 교사에게 '교육의 핵심 주체가 되어 달라'고 요구하는 건 과도한 부담이다.

스러진 동료를 애도하기조차 망설여야 하는 교사들, 스스로를 '예비 자살자'라 칭하는 교사들에게 지금 필요한 것은 무엇일까. 교사가 온전히 가르칠 수 있는 환경을 만들기 위해 우리 사회는 어디서부터 다시 시작해야 할까. 이제, 함께 논의할 때다.

사라지는 교사들

서이초 사건이 발생한 직후 교육부는 '교원의 학생생활지도에 관한 고시'와 '교권 회복 및 보호 강화 종합 방안'을 잇달아 발표했다. 생활지도에 관한 고시는 '교원의 근무시간 및 직무 범위 외 보호자 상담 거부' '휴대전화 등 수업 방해 물품의 분리 보관 및 사용 제지' '교육활동을 방해하는 학생에 대한 분리 조치' 등 교사가 학생 생활지도를 함에 있어서 권한의 범위와 방식을 명확히 하여 교사의 정당한 교육활동을 보호하도록 했다. 또 교권 보호 종합 방안에서는 불합리한 학생인권조례 개선, 교원의 정당한 생활지도와 아동학대 범죄의 구분, 교육활동 침해 시 학생 즉시 분리, 학교교권보호위원회의 교육지원청 이관, 교원과 학부모 간 소통 활성화, 기관 민원 대응 시스템 개선 등이 포함됐다. 이러한 내용은 그해 말 국회에서 「교권 보호 5법(교육기본법, 초중등교육법, 유아교육법, 교원지위법, 아동학대처벌법)」 개정안으로 통과되어 교사의 교육활동 보호와 교권 회복을 위한 법적 기반을 갖추게 되었다.

그러나 이러한 교육 당국의 조치에도 현장에서는 실질적인 변화가 부족하다는 지적이 많았다. 2024년 5월 한국교원단체총연합이 교원 1만1320명을 대상으로 한 설문조사에서는 변화를 느끼지 못한다는 응답이 67.5퍼센트를 차지했고, 교사노동조합연맹이 조합원 1만1359명을 대상으로 한 조사에서도 교사라는 직업이 사회에서 존중받는가라는 질문에 응답자의 78.5퍼센트가 부정적으로 답했다. 학교 근무 여건도 78퍼센트가 별반 달라지지 않았다고 응답했다. 서이초 사건이 발생한 이후로도 연간 4200여건 이상의 교권보호위원회가 열릴 정도로 교사들이 현장에서 받는 교권 침해는 크게 달라지지 않은 것으로 보고되었다.

교권 침해의 경험은 교사들이 퇴직을 결심하는 직접적인

동기가 된다는 점에서 매우 심각하다. 국회 교육위원회 소속 백승아 의원과 교사노조가 발표한 '2019년~2023년 초·중·고등학교 중도 퇴직 교원 현황' 분석 자료에 따르면 중도퇴직 교원은 매년 6000명 이상을 넘는 것으로 집계되었으며 그 수는 해가 갈수록 증가하여 서이초 교사 사망 사건이 발생한 2023년에는 7626명을 기록했다. 문제는 학교를 떠나는 교사 중에는 저연차 젊은 교사들이 많다는 점이다. 교육부 자료에 의하면, 2022년 3월부터 2023년 4월까지 근속연수 5년 미만의 초·중·고 퇴직 교원은 589명으로 전년의 303명에 비해 두 배 가까이 증가했다. 젊은 교사들의 퇴직 이유가 전부 교권 침해 때문이라 할 수는 없지만, 상당수가 학부모의 악성 민원에 직간접으로 시달린 경험이 있거나, 가르치는 일 외에도 모든 책임을 교사 개인이 떠맡게 되는 현실에 염증을 느끼고 학교를 떠난다는 게 일선 교사들의 전언이다.

아이러니하게도 중도 퇴직 교사가 해마다 늘어나는 가운데서도, 중·고등학생이 가장 선망하는 직업은 17년째 '교사'다. 아이들은 매일 학교에서 만나는 선생님을 통해 '타인의 삶을 변화시키는 일'의 가치를 체감하기에 교사를 꿈꾼다. 그런데 교생실습을 거쳐 어렵다는 임용 고시를 통과해도, 불과 몇 년 안 돼 사직서를 쓰게 만드는 현실이 우리 학교에 자리 잡았다. 꿈꾸는 사람이 떠나는 교육에서 미래를 이야기하는 것은 공허하다. 사람이 남아야 꽃도 필 수 있다.

엇갈린 교육관, 달라진 관계

그렇다면 교사는 어쩌다 '극한 직업'이 되었을까? 여러 분석이 있지만, 대체로 교육 주체의 관계와 역할이 과거와는 판이하게 달라졌기 때문이라는 데 의견이 모인다.

우선 학부모의 변화를 살펴보자. 오늘날 학부모의 다수는 1980년대 이후 출생 세대로, 여러 연구(경기도교육연구원 2023; 한국청소년정책연구원 2024 등)는 이들이 디지털 기반 정보 공유에 익숙하고, 인간관계를 '거래적 계약'으로 이해하는 경향이 강하다고 지적한다. 개인주의 성향이 뚜렷하지만 소통 욕구 또한 높으며, 학교에 거는 기대도 '학업 성취'보다는 인성 지도·공동체 경험·창의성 함양에 더 무게를 두는 것으로 나타났다. 자녀의 학업은 학원 등 사교육에 맡기고 학교에는 돌봄과 인성 교육을 요구하는 흐름이 자연스럽게 형성된 것이다.

교사를 바라보는 시각 역시 달라졌다. 학부모 상당수는 교사를 '권위적 훈육자'보다 '서비스 제공자'로 인식한다. 이들은 교사가 아이들을 휘어잡는 카리스마나 집중력을 높이는 교수법을 갖추는 것보다 자녀를 존중하고 따뜻하게 대하는 태도를 우선해주길 원한다. 그래서 휴대전화·메신저·학부모 앱으로 수시 연락하는 일을 대수롭지 않게 여기고, 자녀가 학교에서 서운한 경험을 하면 '선생님이 무관심하다'고 판단해 즉각 개입한다. 선크림 준비 공지 없이 야외활동을 진행했다며 '아동학대'로 신고하겠다는 경우, 단체 급식 돈가스에 소스가 뿌려져 나오자 아이의 '찍먹 입맛'을 존중해달라는 요구까지 등장했다.

학교를 '고객 만족 서비스센터'로만 바라보는 순간, 교사가 안전하게 가르칠 권리를 지키겠다는 우리의 사회적 약속은 손쉽게 훼손된다.

이 같은 '소비자 마인드'는 학부모와 학생에게만 해당하지 않는다. '학부모·학생은 소비자이고 학교는 그들을 만족시켜야 한다'는 인식이 학교 내부에서도 널리 퍼졌다고, 오랜 교직 경력을 지닌 이들은 회고한다. 권위주의적 태도를 버리고 더 개방적이고 민주적인 공간으로 바꾸자는 취지는 타당했지만, 신자유주의적 담론이 교육 현장 곳곳으로 파고들었다.

학부모를 난폭한 '악성 민원인'으로 규정짓게 된 복합적 계기 중 하나는 2012년 학교폭력 조치 사항을 생활기록부에 기재하도록 한 것이다. 당시 "가해 학생 불이익이 미미하다"는 여론이 일자, 교육부는 「학교생활기록 작성 및 관리지침」을 개정해 학폭위 조치 사항을 생기부에 기록하도록 했다. 생기부는 상급학교 진학과 대학 입시에 중대한 변수이니 학부모 입장에선 민감해질 수밖에 없다. 평소 협조적이던 이들도 자녀가 학폭 사건에 엮이면 객관성을 잃고, 교사를 상대로 문제를 해결하려 든다. 중재자가 부족한 현장에서 교사에게 사건 처리를 요구하고, 부담은 고스란히 교사에게 전가된다.

장관 재임 시기에 이를 해결하기 위해 학교폭력대책심의위원회를 교육청 단위로 이관했으나, 학교와 교사의 부담이 완전히 해소된 것은 아니다. 학폭을 '가해학생 개인 문제'로만 바라보는 징계 중심 시각이 교육적 회복을 가로막기 때문이다. 학교폭력은 폭력에 대한 성찰과 진심 어린 사과, 학생 당사자의 회복·복귀를 전제로 한 해결과 징계가 이루어져야 한다. 그러나 '강력 처벌'이 우선시되는 분위기 속에서 한 번 사건이 발생하면 가해자로 판정되지 않으려는 법적 다툼이 시작된다. 그 과정에서 교사는 '아이들을 제대로 돌보지 못했다'는 책임 추궁과 자책에 끝없이 시달리게 된다.

결국 학폭 문제를 학교와 교사 개인에게만 떠넘기는 구조가 지속된다면, 우리가 다음 세대에게 배움의 사다리를 온전히 건네주겠다고 맺은 공동의 계약은 공허한 선언에 머물 수밖에 없다.

요컨대, 관계의 거래화와 신자유주의적 소비자 담론이 교사에게 과도한 책임과 위험을 떠넘기며 교직을 '극한 직업'으로 만들었다. 교사가 존엄하게 가르칠 수 있는 환경을 보장하는 일은 우리 사회가 맺은 교육 계약을 실질적으로 이행하는 길이다. 이 약속이 지켜지지 않는 한, 교실에서 벌어지는 비극은 이름만 달리해 반복될 가능성이 크다.

교사와 학부모 사이 간극을 메우려면

오늘날 교사와 학부모의 기대는 서로 어긋나 있다. 교사는 수업 연구와 학습 지원에 역량을 집중하길 원하지만, 학부모는 돌봄·상담·진학 컨설팅까지 학교가 아우르기를 요구한다. 저출생과 여성의 경제활동 확대가 가져온 돌봄 수요를 고려하면 학교가 일정 부분 삶의 돌봄을 책임지는 방향은 피할 수 없다. 문제는 그 무게가 거의 전적으로 교사에게 실리는 데 있다. 한국교육개발원의 직무 조사 결과를 보면, 교사 한 사람은 주 47.5시간을 일하지만 이 가운데 행정업무가 9.4시간으로 10년 전에 비해 1시간 40분 늘었다. 반면 수업 시간은 16.5시간으로 2시간 넘게 줄고, 학생 상담 시간도 4시간을 밑돈다. 정부 시책 사업이 매년 늘어나는 사이 '업무 경감'이 아니라 '업무 분산'만 일어난 셈이다. 서이초 사건 이후 교육부가 시책 사업을 통폐합하고 돌봄 전담 체계를 구축하겠다고 했지만, 학교폭력 조사관 제도처럼 분리 대신 동행 방식을 택하면서 일정 조율과 조사 참석 의무는 여전히 교사 몫으로 남았다.

이 간극을 메우려면 먼저 교사가 무엇을 본업으로 삼아야 하는지를 명확히 해야 한다. 수업 기획과 평가, 학습지도, 생활지도를 교사의 핵심 직무로 규정하고, 홍보·행정·시설관리·돌봄 같은 지원 업무와 지자체·외부 기관 협업을 연결 업무로 묶어야 한다. 이런 3단 구획이 자리 잡아야 행정과 돌봄을 전담할 인력 배치 원칙도 선다. 교육청 단위의 학교 지원 센터를 법제화하고, 각 학교마다 최소 한 명 이상의 행정·돌봄 전담 인력을 의무적으로 두면 교사의 핵심 직무 비율을 70퍼센트 이상으로 회복할 수 있다.

민원 대응 부담을 완화하려면 교무실 대표번호에 050 안심번호·AI 필터링을 결합한 통합 시스템을 도입해볼 만하다. 대표번호로 걸려온 전화·메신저·이메일을 접수하고, AI가 단순 문의를 자동 응답한 뒤, 분쟁성 민원만 교사나 상담 교사에게 전달하도록 설계하면 교사 개인 연락처 노출과 야간·휴일 연락이 크게 줄어들 수 있다. 모든 통화·메시지 로그를 자동 저장해둔 '디지털 흔적'은 학부모·교사 모두에게 방파제 역할을 하고, 교육청 차원의 데이터 분석으로 악성 민원 유형을 선제적으로 파악할 수도 있다. 단, 시스템 운영·보안을 전담할 정보 보호 인력을 별도로 확보하고, 개인정보 보호 규정을 명확히 해야 도입 초기의 불신을 해소할 수 있다.

궁극적으로는 업무 코드화(수업·평가·생활지도는 교사, 행정·회계·시설·돌봄은 교육행정전문가, 지자체·외부 협업은 학교지원센터)가 법제화돼야 한다. 여기에 학생 수 연동 정원제와 무기계약·직급 승급 통로를 두면 처우 격차에 따른 갈등도 완화될 것이다. 교사는 가르침에 집중하고, 학부모는 신뢰로 동행하며, 국가는 투명한 지원 구조를 마련할 때 비로소 공교육의 공동 책무가 현실로 완성된다.

교권 보호의 방향은 어디로 향해야 하는가

서이초 사건은 우리 사회에 묵직한 질문을 던졌다. '교육의 핵심 주체인 교사의 권리, 곧 교권은 어떻게 지켜져야 하는가.' 여기서 말하는 교권은 「교원의 지위 향상 및 교육활동 보호를 위한 특별법」이 규정하듯, 교사가 인간으로서 보장받아야 할 노동·안전·인격권, 전문가로서 행사해야 할 교육활동·훈육·평가의 자율권, 그리고 이를 떠받치는 제도적 보호권을 아우른다. 사건 직후 교육 당국은 법령·지침을 잇달아 손보며 빠르게 수습에 나섰지만, 교사들의 체감 온도는 좀처럼 오르지 않았다. 유보통합, 고교학점제, AI 교과서처럼 새로운 정책이 계속 더해지는 사이 교사의 업무 강도는 오히려 높아졌고, 학생인권조례를 폐지하거나 훈육권을 명시한다고 해서 교권 침해가 눈에 띄게 줄지도 않았다.

지난 2년간 법과 제도를 고치는 데 집중했음에도 변화가 미약한 까닭은 간단하다. 규범만 있고 자원과 관계가 비어 있기 때문이다. 현장에서 검증된 보조 인력과 충분한 예산이 따라붙지 않는다면, 법률 조항은 공허한 액자에 그친다. 이미 시행 중인 제도를 '법적 근거'로 격상시키는 입법이 적지 않지만, 정작 예산 항목은 감액되거나 동결되고, 학교당 한 명을 목표로 한 교육활동보호 전담 인력 충원률도 절반을 밑돈다. 교사들의 행정·민원·돌봄 부담을 덜려면 대체·보조 인력을 안정적으로 배치하고, 이들의 경력과 처우를 교직 시스템 안에서 투명하게 인정해야 한다. 그럼에도 예산이 줄어드는 현실이라면 법적 개선은 구호에 머물 수밖에 없다.

'법적 지도권' 강화만으로는 해결이 어렵다는 사실은 해외 사례도 방증한다. 영국은 2006년 「Education and Inspections Act」라는 법으로 교사에게 '합리적 힘'을 행사할 징계권을 부여하고, 교육부는 'Use of Reasonable Force' 지침을 운영한다. 그럼에도 영국의 교사노조 NASUWT 2021년 조사에서는 교사 6퍼센트가 학생에게 실제 물리적 폭력을 경험했고, 10퍼센트가 폭력적 위협을 경험했다고 응답했다. 더 나아가 영국 교육부 공식 통계에 따르면 정학 건수는 57만8300건(2021~2022)에서 95만5000건(2023~2024)으로 두 해 사이 65퍼센트 늘었고, 퇴학 역시 같은 기간 16퍼센트 증가했다. 예산 감축과 교사 부족, 정서·행동 위기 학생 증가가 복합적으로 작용한 결과라는 분석이 우세하다. 결국 노동조건과 교육 환경을 함께 개선하지 않으면, 법적 조치는 학교를 교육이 아닌 법률의 장으로 밀어넣고 갈등을 키울 뿐이다.

문제는 교권과 학생·학부모의 권리가 대립적 관계가 아니라는 점을 자주 망각한다는 데 있다. 최근 서울시의 학생인권조례 폐지 결정과 같은 움직임은 교권 회복의 지름길처럼 비칠 수 있으나, 학생 인권과 교권은 공존해야 할 가치다. 학교는 아이와 교사가 서로 배우며 함께 성장하는 공간이어야 하고 그 매개는 학부모다. 교육 주체의 상호 관계를 새로 짜고 이해하고 협력을 넓히는 작업이야말로 교권 회복의 토대다.

현실에서 교사들은 여전히 개별적으로 학부모 민원에 대응하며 각자 자구책을 마련한다. 일부 학교가 전자 민원 창구나 교무실 대표번호·안심번호를 도입해 '방파제'를 세우긴 했지만, 절차가 수동적이고 대상 학교도 소수에 머문다. 민원 완충 장치가 현장 곳곳으로 확산되어야 교사와 학부모 모두 불필요한 긴장을 덜고 건강한 거리두기 속에서 필요한 소통을 이어갈 수 있다. 더불어 교사 양성과정에는 학부모와의 관계 맺기·협력·대화 방법을 체계적으로 가르치는 실습과 교육이 포함되어야 한다. 신임 교사들이 학부모와의 소통을 두려워하지 않고, 오해와 갈등을 예방하도록 돕기 위해서다.

학부모를 '사적 대리인'에서 공교육의 동반자, 즉 교육시민으로 성장시키는 일도 빼놓을 수 없다. 학부모가 학교 운영과 교육행정에 건설적으로 참여할 수 있는 창구를 넓히고, 학생 인권·교권·학교폭력·디지털 시민성을 다루는 프로그램을 지역사회와 연계해 상시 운영해야 한다. 부모 교육이 육아·입시 정보 전달에 머무르지 않고, 교육의 본질과 자녀의 행복을 함께 성찰하는 장이 될 때 공교육은 더욱 단단해진다.

결국 교권 문제를 풀어갈 열쇠는 교사와 학부모가 맞서는 구도를 넘어 교육 공동체 안에서 협력적 파트너가 되는 것이다. 학교는 지식을 넘어 관계 맺기와 조정능력을 배우는 생활 세계다. 학부모와 교사가 이러한 교육의 본질을 이해하고 손잡을 때, 교사의 교육권은 온전히 보호되고 공교육의 기반은 더욱 견고해진다. 한 나라 교육의 질이 교사의 수준을 쉽게 넘지 못한다는 말처럼, 공교육의 미래는 교사와 학부모가 함께 쌓아올릴 신뢰의 높이에 달렸다.

9. 학교 공간 혁신
: 모두가 함께 짓는 사회의 집

우리 교실의 책상은 여전히 칠판을 향해 일렬로 정렬돼 있다. 발화와 시선이 한곳에 집중되는 이 구조는 지식을 빠르게 전달하지만, 학생들의 이동과 협업을 제약한다. 이런 배치는 오늘의 수업 방식뿐 아니라 다음 세대가 어떤 시민으로 자랄지까지 좌우한다.

이 공간은 과거 규율 사회의 산물이다. 그러나 '감옥 같다'고 한탄만 해서는 변화가 오지 않는다. 학교 공간 혁신은 과거를 벗어나는 일이 아니라, 아이들과 함께 약속한 미래를 짓는 과정이어야 한다. 즉, 교실마다 숨 쉴 틈을 만들고, 벽마다 지역과 이어지는 문을 내는 모두를 위한 프로젝트다. 건물 외양이나 공사비보다 어떻게 조직하고 누구와 공유하느냐가 핵심이다.

스웨덴의 어느 학교는 교실 한편에 '숨 쉴 구석'을 두어 아이들이 물러나 생각할 공간을 마련했다. 핀란드의 신축 학교들은 복도와 교실의 벽을 허물어 학습 공간을 열고 지역 주민과 나누었다. 작은 구석 하나, 벽 하나가 아이들의 배움과 교류를 확장하며 학교와 지역이 맺은 세대 간 계약을 현실로 만든다.

이제 우리는 묻는다. '머무르고 싶은 학교, 지역과 함께 책임질 공간이라면 무엇을 고치고 어떤 문을 열어야 할까?' 그리고 다시 묻는다. '그 약속을 지키기 위해, 우리는 지금 무엇부터 바꿀 준비가 되어 있는가?' 공간 혁신은 책상 배열을 넘어 오늘과 내일의 아이들을 위한 사회적 약속을 실천하는 여정이다.

'학교 시설 표준설계도' 탈출하기

국회의원으로서 교육위원회에 몸담은 뒤, 나는 줄곧 학교를 '머물고 싶은 공간'으로 바꾸는 꿈을 품어왔다. 환대의 인사가 가득한 교문, 친구들과 자유롭게 토론하며 웃는 교실, 선생님과 스스럼없이 질문을 주고받는 복도. 이런 풍경이야말로 공교육이 지향해야 할 일상의 모습이라 믿었다. 아이들이 성장과정에서 가장 오래 머무는 학교를, 오고 싶고 다시 찾고 싶은 터전으로 만드는 일은 그래서 언제나 내 화두였다.

그러나 현실의 학교는 그 상상과 여전히 거리가 멀다. 1970년대에 제정된 '학교 시설 표준설계도'가 크게 달라지지 않은 탓에, 대다수 교실은 네모난 평면에 일렬 배치된 책상으로 빼곡하다. 교실 앞 벽면을 칠판이 점령하고, 그 위엔 어김없이 태극기가 걸려 있다. 운동장 전면에는 조회대와 국기게양대가 자리 잡아, 학교 풍경을 일률적으로 규정해버린다. 규율과 효율을 최우선으로 한 이 공간은 지식을 빠르게 전달하는 데는 유리했지만, 학생들이 서로 어울리고 교사와 수평적으로 소통하는 데는 분명한 한계를 드러냈다.

우리가 학생 시절 경험했던 체벌과 훈육의 기억은 이 공간 구조와 분리할 수 없다. 미셸 푸코가 규율 권력이 작동하는 시공간을 '파놉티콘'이라 명명했듯, 배움터는 종종 감시와 통제의 상징으로 기능했다. 지금도 다르지 않다면, 학교는 여전히 아이들에게 '빨리 벗어나야 할 곳'으로 각인될 위험이 있다.

따라서 학교 공간 혁신은 단순한 내부 단장이나 설비 교체에 그치지 않는다. 교실 벽을 허물어 다목적 공유 공간을 만들고, 동선을 재구조화해 아이들이 자연스럽게 섞이도록 해야 한다. 설계 단계부터 학생·교사가 주체로 참여하고, 지역 주민에게까지 열린 공간으로 확장된다면 학교는 학습과 생활, 지역 공동체가 만나는 복합적 플랫폼이 될 수 있다. 결국 공간을 바꾸는 일은 교육 방식과 관계, 나아가 교육에 대한 사회적 인식을 뒤엎는 일과 다르지 않다.

아이들이 아침마다 환대를 받으며 들어서고, 수업과 쉼이 유기적으로 연결되며, 지역과 함께 숨 쉬는 학교— 그 미래를 현실로 만들기 위해 우리는 무엇부터 바꿀 준비가 되어 있는가? 대답은 교실의 책상 배열을 넘어, 교육의 철학과 문화를 새로 짜려는 우리의 의지 안에 있을 것이다.

공간이 곧 교육과정이다

학교는 지식만을 전달하는 장소가 아니다. 아이들이 시간을 보내고, 관계를 맺고, 자신을 발견하는 생활-공동체다. 따라서 무엇을 가르칠지(교육과정), 어떻게 배울지(학습 방식), 누가 함께 쓸지(학교-지역의 경계)가 공간의 형태를 결정한다. 다시 말해, 공간은 수업을 담는 그릇이 아니라 배움을 촉발하는 곳이어야 한다.

앞에서 간략히 언급한 유럽의 사례들을 조금 더 들여다보면 이 관점이 분명해진다. 스웨덴 스톡홀름의 비트라 텔레폰플랜Vittra Telefonplan 학교는 전통적 교실 대신 '집결-우연한 만남-집중-실험-발표' 같은 학습 행위를 기준으로 공간을 조직했다. 다양한 레벨의 좌석과 오픈 스테이지, 얼음산iceberg 조형물은 모이기·나누기·만들기·보여주기와 같은 수업의 리듬을 끊어짐 없이 이어준다.

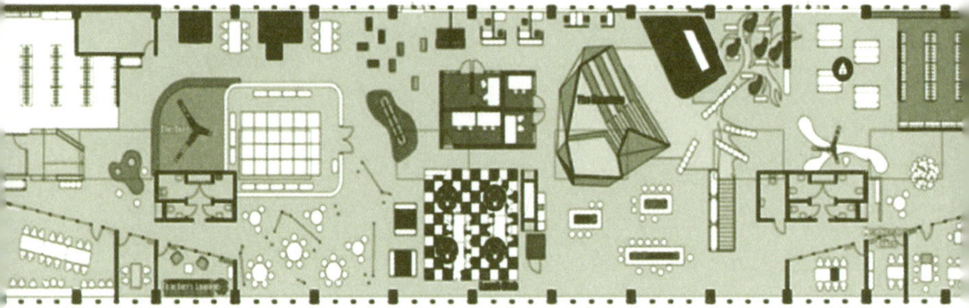

비트라 텔레폰플랜 학교 평면도×

덴마크 헬레루프Hellerup 학교는 '벽 없는 학교'로 알려졌지만, 핵심은 열린 평면을 가변 가구와 임시 파티션으로 세분·재구성해 프로젝트 수업과 개별 학습을 하루 안에서 유연하게 전환하는 운영 방식이다. '열림' 자체가 목적이 아니라 수업 방식의 다양성을 지지하는 구조적 장치인 셈이다.

헬레루프 학교 공간 디자인××

× 출처: https://vittra.se/english
×× 출처: https://www.researchgate.net/figure/Hellerup-Skole-Gentofte-Denmark-2002-by-Arkitema-Architects-photos-by-AA_fig6_326440009

핀란드 에스포의 사우날라티Saunalahti 학교는 '교실 밖에서도 배움이 일어난다'는 전제를 실현하기 위해 계단홀·복도·테라스·중정까지 학습 공간으로 설계했다. 도시 인프라와의 연결, 소음·채광·공기질 같은 생활 조건을 함께 고려해 수업·휴식·교류가 뒤섞이도록 만든 점이 특징이다.

핀란드의 InnoSchool 프로젝트, 그리고 'School as a Service' 모델은 학교를 '하나의 건물'이 아닌 도시적 플랫폼으로 확장했다. 고등학교가 대학 캠퍼스·도서관·기업 실험실을 수업 자원으로 활용하도록 한 이 실험은 신축보다 공유·연결·운영을 전면에 놓는 새로운 전형을 제시했다.

이들 사례에서 공통적으로 읽을 수 있는 교훈은 네 가지다. 첫째, 교육과정이 먼저다. 프로젝트·현상 탐구·실제 과제 등 수업 방식이 명확히 정의되고 나서 공간이 그 요구(모이기/나누기/집중/제작/공유)를 지원한다. 둘째, 운영과 유지관리의 디테일이 학습 경험을 좌우한다. 가변 가구, 소음·조명·공기 질, 정보통신기술ICT 접근성 등은 초기 설계 못지않게 중요하다. 셋째, 학교는 지역사회와 연결될 때 비로소 공유 공간이 살아난다. 별도의 커뮤니티 존, 출입·안전계획, 지역 파트너십이 있어야 학교-지역 상호작용이 실질적으로 작동한다. 넷째, 투자는 '멋진 건물'이 아니라 학습성과에 기여해야 한다. 유럽평의회개발은행CEB은 기획 – 설계-사용-사후평가 전 과정을 러닝 아키텍처로 관리하라고 권고한다.

결국 '핀란드식'이나 '북유럽식'이라는 표피적 모방이 답이 아니다. 우리 교육과정, 학생의 생활, 교사의 실천, 학부모·주민의 참여가 우리 맥락에서 어떻게 결합되는지가 관건이다. 우리의 수업은 어떤 장면(집중·협업·제작·발표·휴식)을 반복적으로 요구하는가? 그 장면이 교실 안팎 어디에서 가장 잘 일어나는가? 새로 짓는 대신 연결·공유할 수 있는 지역 자원은 무엇인가?

건물 자체가 혁신을 만들지는 않는다. 교육과정·공간·삶을 한 묶음으로 설계하고, 그 설계가 실제 운영으로 이어질 때 학교는 '지식을 나눠주는 곳'을 넘어 살아 있는 학습 공동체로 거듭난다.

학교 공간을 탈바꿈하기 위한 시도

혁신적인 학교 공간을 우리도 만들 수 있다는 확신은, 민형배 의원(당시 광산구청장)의 소개로 만난 한 교사의 브리핑에서 비롯되었다. 그는 현직교사이면서 고용휴직제를 활용해 구청에 임용된 교육정책관이었다. 브리핑 내내 그는 "공간 혁신 프로젝트 수업" "학생 친화 공간" "공간 주권"을 반복적으로 사용했다. 그의 말을 따라가보니, 물리적 재배치로만 보였던 공간 실험이 사실은 학생들에게 민주적 의사결정과 책임감을 길러주는 민주 시민교육의 장이라는 함의를 발견하게 되었다. 그리고 브리핑 끝에 그는 공간혁신의 '향연'에 나를 초대했다. 학교 공간 혁신에 참여한 12개교

광산구 교육 축제 '이제 문제는 우리가 낼게' _학교 공간 혁신 공유 세션 (출처: 광산구)

학생과 교사, 지역 전문가(예술가, 건축가 등)들의 지식, 경험을 나누는 자리였다.

강사와 청중은 나이 불문하고 서로 뒤섞여 한 공간을 가득 메웠다. 한 초등학교의 라운드 테이블에서는 자신들의 의견이 실제 설계에 어떤 식으로 녹아들었는지 또렷하게 설명했다. "소변이 튀지 않는 변기를 만들어달라" "도란도란 이야기를 나눌 수 있는 파우더룸이 필요하다" "축구 말고도 우리도(여학생) 놀 수 있는 운동장을 만들어달라" "반 이름을 우리가 직접 짓고 싶다" "혼자 멍 때릴 수 있는 작은 방이 있었으면 좋겠다" 같은 아이디어를 줄줄이 쏟아냈다고 했다. 교사와 건축가는 이 과정에서 어떤 제안은 수용되고 어떤 제안은 보류된 이유를 차근차근 설명해주었다고 했다. 안전·예산·공공성 같은 구체적 기준이었다. 아이들은 '모든 아이디어가 그대로 구현되지는 않지만, 서로 설득하고 조정하는 과정이 학교를 만드는 또 다른 수업'이라는 사실을 깨달았다. 그리고 최종 설계에 반영된 요소들이 완성된 뒤에는 "내가 제안한 공간이 생겼으니 더 아끼고 책임지고 싶다"며 자랑스럽게 말했다. 공간 창조의 전 과정을 직접 겪은 학생들은 그 순간 스스로를 학교의 사용자이자 주인으로 인식하게 된 것이다.

어른들은 공간 혁신 과정에서 세 가지 뚜렷한 깨달음을

얻었다. 첫째, 학생들의 상상력은 한 교실을 넘어 학교 생태계 전체를 바라본다는 점이다. "공간 혁신은 학생들이 하고 싶은 것을 뭐든지 상상해보게 한 주체적 미션이었다. 아이들은 그 공간만 본 것이 아니라 학교 전체를 보면서 불합리한 것을 수정하고, 필요한 것을 요구하더라"는 고백처럼, 아이들은 사용자이자 설계자로서 문제를 정의하고 해결책을 제안했다. 둘째, 시작은 '우리만의 공간'이었지만 곧장 공동체적 배려로 확장되었다. "처음엔 우리를 위한 공간이었지만 수업 시간엔 공강인 교사들이 사용할 수 있도록 제안했다"는 학생들의 제안은, 공간 주권이 개인적 편의를 넘어 다른 구성원을 돌보는 공유 마인드로 진화할 수 있음을 보여주었다. 셋째, 교사와 행정가는 신뢰의 힘을 재발견했다. "내가 그동안 아이들을 믿지 못했었구나 생각했다. 그들은 스스로 움직였다"는 고백이 말하듯, 어른들은 감독자가 아니라 조력자·후견인으로 역할이 재정의되어야 함을 체감했다.

결국, 이러한 깨달음은 학교라는 작은 공간에서 생긴 균열—곧, 아이들에게 권한을 이양하고 함께 설계해본 작은 틈—이 사회 전체의 패러다임을 바꿀 수 있음을 시사한다. 크고 거창한 개혁이 아니라, 곳곳에서 만들어지는 미세한 균열들이 모여야 그 약속이 현실이 되고, 그 균열이야말로 변화를 이끄는 진짜 동력이 된다.

이처럼 현장 곳곳에서 생겨난 '작은 균열'이 지속적인 변화를 이끌려면, 이를 떠받칠 제도적 지지대가 반드시 필요했다. 실제로 진보적인 교육감이 있는 일부 교육청은 학교 공간 혁신을 의욕적으로 추진했지만, 교육부·교육청 차원의 통합적 지원 체계가 부재해 뜻있는 교사 몇 명이 헌신적으로 버티는 상황에 머물러 있었다. 이러한 한계를 넘어서기 위해, 국회 차원에서 '학교 공간 혁신' 전담 기구를 만들자는 논의가 막 무르익던 시점에 나는 교육부 장관으로 임명되었다.

가장 시급했던 과제는 관점의 전환이었다. 학교 공간을 단순한 '시설 교체'로 보는 관성을 깨기 위해, 교육부는 곧바로 학교 공간 혁신 전담팀을 꾸렸다. 시설·교육과정·예산 부서, 시·도 교육청, 학교, 건축가·디자이너·환경공학자 등 전문가 그룹을 한 테이블에 모아 '각자의 언어'를 맞추는 공동 교육과 워크숍을 열었다. 이 과정에서 현장의 다양한 시도들은 중앙에서 검토·조정·확산되며 한층 체계화되었다.

그렇게 축적된 경험 위에서, 최초로 국가 차원의 학교 '사용자 참여 설계' 절차가 마련되었다. 설계 공모 단계부터 학생·교사·지역 주민의 발언권을 제도화하고, 시범학교 20곳을 선정해 지원했다. 이는 단순히 규정을 넘어, 참여와 협력이라는 새로운 문화를 제도·조직과 정합적으로 연결하려는 시도였다. 제도(규정)·조직(전담팀)·문화(참여와 협력)가 맞물리자, 학교 공간은 '시설 관리'의 대상에서 '교육 혁신'의 장으로 자리매김하기 시작했다.

미래를 상상하는 교실에서 시작된 변화

"교실 안에 혼자 들어가 마음껏 노래를 부를 수 있는 작은 부스가 있으면 좋겠어."

"발표할 때 모두가 주목할 수 있는 무대가 필요해. 그리고 힘들 땐 그 위에 누워서 잠깐 쉬어도 되잖아."

"메이커 공간이 교실 안에 있으면, 떠오른 아이디어를 즉시 실현해볼 수 있을 텐데."

"책상과 의자는 쉽게 옮길 수 있어야 하고, 창문도 칠판처럼 쓰면 좋을 것 같아."

"복도는 그냥 통로가 아니라, 만나고 쉬고 먹고 웃는 거실처럼 쓰면 어떨까?"

이 모든 상상은 2019년 10월 '교육 2030, 함께 만드는 미래' 박람회에 마련된 체험형 교실 '경계 없는 학교'에서 실제 학생들이 내놓은 발언이다. 학습·쉼·놀이의 경계를 허물고, 학습 방법의 선택권을 넓히며, 온라인 공간까지 확장한 이

교육부 '경계 없는 학교' 부스
출처: 아키에듀+디엠건축사무소

교실은 박람회 기간 열두 차례의 시범 수업을 통해 공간이 곧 교육과정이 된다는 사실을 증명했다.

학생과 교사가 공동 기획한 수업은 '공간을 함께 설계할 권리' '공간 속에서 다양한 관계를 맺을 권리' '언제 어디서나 배움을 만들 권리' '내일을 준비할 정보와 기회를 누릴 권리'를 온전히 구현하고자 했고, 참관객들은 학교가 단순한 지식 전달의 무대를 넘어 '살아 있는 학습 공동체'가 될 수 있음을 목격했다. 이 실험은 곧바로 현실 사업으로 이어졌다. 2019년부터 2024년까지 5년간, 시설 노후화가 심각하며 구성원의 참여 의지가 높은 57개 학교가 1차 대상지로 선정되어 학교 공간 혁신 사업이 본격적으로 궤도에 올랐다.

사업의 핵심은 사전 기획 의무화였다. 학교 건물이 교육과정을 지원하는 특수한 공간이라는 점을 고려해, 설계의 첫 단계부터 학생·교사·학부모가 참여하도록 제도화한 것이다. 건축주가 주방 설계에 관여하듯, 학습자는 학교 설계에 관여해야 한다는 당연한 원칙을 법적·행정적 절차로 명문화했다. 설계 지침 역시 학습자 중심 교육과정을 실물 공간으로 펼치는 데 집중했다. 대면·원격, 개별·협업, 실내·야외, 미디어 기반 학습 등 미래 교실에서 일어날 다양한 장면을 시뮬레이션하고, 그 결과를 토대로 교실·복도·공용공간의 배치를 다시 짰다. 교사들은 새 공간에서 어떤 수업을 구현할지 구체적인 시나리오를 마련했고, 건축가는 이를 설계로 번역했다. 이 과정은 행정적 제약에도 불구하고 '학교·건축가·지역 전문가'가 머리를 맞대는 새로운 학습 문화의 출발점이 되었다. 그리고 현장의 화답이 시작되었다. 몇 가지 사례를 들면 다음과 같다.

세종 수왕초등학교는 폐교 위기에 놓였던 작은 농촌 학교였지만, 교사·학생·학부모가 함께한 공간 혁신 프로젝트가 학교를 다시 숨 쉬게 했다. 아이들은 '다모임'과 '6남매' 활동을 통해 놀이·쉼터·자율공간에 대한 의견을 쏟아냈고, 교사들은 전문적 학습 공동체를 조직해 교육과정을 새로 짰다. 친환경·활동적·자율적·쉼을 뜻하는 '수왕의 가치'는 창의융합교실과 자율동아리실 곳곳에 물씬 배어들었다. 학부모는 마을 텃밭과 공동육아에 참여하며 학교를 삶과 연결했다. 수왕초는 학교자치·교육과정·공동체가 맞물릴 때 공간 혁신이 최대의 교육적 힘을 발휘한다는 점을 분명히 보여주

세종 수왕초 사용자참여설계 워크숍
출처: 수왕초 공간 혁신 담당 교사 김○○ 발표자료

었다.

경기 덕양중학교는 생활과 배우기가 자연스럽게 맞닿은 공간을 만들어냈다. 교실과 복도 사이 벽을 폴딩도어로 바꾸어 필요에 따라 열고 닫자, 수업은 교실을 넘어 복도까지 확장되었다. 학생들은 복도 소파에 앉아 대화를 나누다 다시 수업으로 돌아갔고, 프로젝트 학습과 ICT 탐구의 허브가 된 도서관과 융합형 교실은 배움의 동선을 한층 유연하게 만들었다. 설계 과정에서 학생·교사가 적극적으로 의견을 개진하자, 학교는 '시설'이 아니라 학습 공동체의 무대로 재정의되었다. 생활과 학습의 연속성을 공간이 지지할 때, 배움이 얼마나 자연스러워지는지 덕양중은 생생히 증명한다.

충북사대부고는 2019년 국립고 가운데 유일하게 교육부 공간 혁신 사업 최종 대상에 올라 "메이커스 큐브" "디 아트" "뭐든지 교실" 같은 특화 공간을 마련했다. 고교학점제 전략 공간을 표방한 이 학교는 정책과 사업이 교차하는 상황 속에서 필요한 공간을 종합적으로 설계했다. 건축 동아리 학생들이 직접 기획한 북카페는 사용자 참여 설계의 상징이 되었고, 완공 후엔 선택과목과 프로젝트 수업이 활발히 진행되었다. 충북사대부고는 국립학교도 정책·교육과정·사용자 참여가 맞물리면 지속 가능한 공간 혁신이 가능하다는 사실을 입증했다.

경계 없는 학교 리플릿

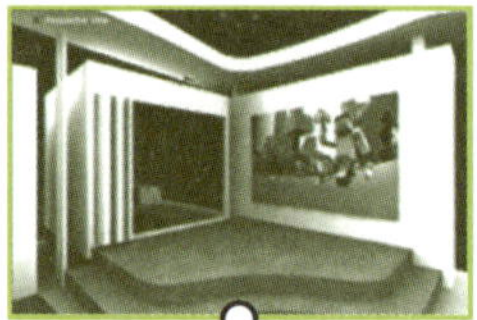

무대
발표할 때 주목할 수 있게 무대가 필요하고
또 누울 수도 있어야해.
그리고 교실 텔레비전은 작으니 큰 화면도 필요해.

스튜디오
교실 안에 개인 공간이나 영상을
바로 만들 수 있는 공간이 있었으면!

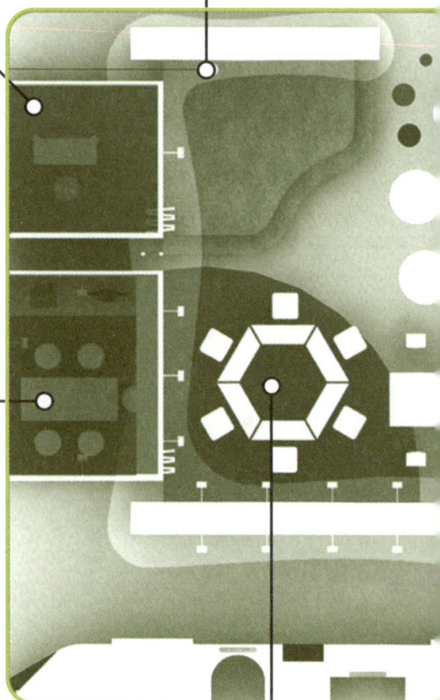

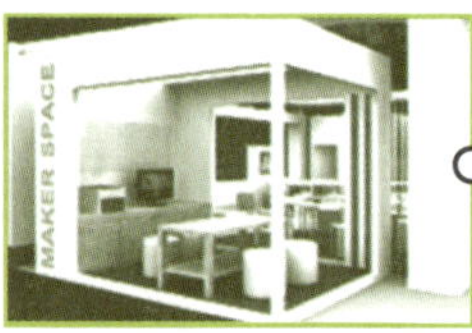

메이커스페이스
교실안에 메이커공간이 있으면
생각을 바로 실현해볼 수 있잖아!

수업 공간
프로토타입을 만들때 전문가를 화상으로 만나
조언을 구하고, 메이커공간과 다시 연결된 교실에서
결과물로 이야기하면 좋겠어.

출처: 교육부(2019)

학습, 쉼, 놀이의 시간을 허물다
학습방법에 대한 선택권을 넓히다
디지털(가상)공간으로 배움 경계를 없애다

수업 공간

적절한 설명과 안내는 학습에 필수야.
화상수업도, 선생님의 안내도 일대다의 수업도
가능한 공간이되, 책상과 의자가 이동이 편리했으면.
실감형 콘텐츠를 실감나게 쓰게 말이야!
창문도 칠판처럼 쓰자!

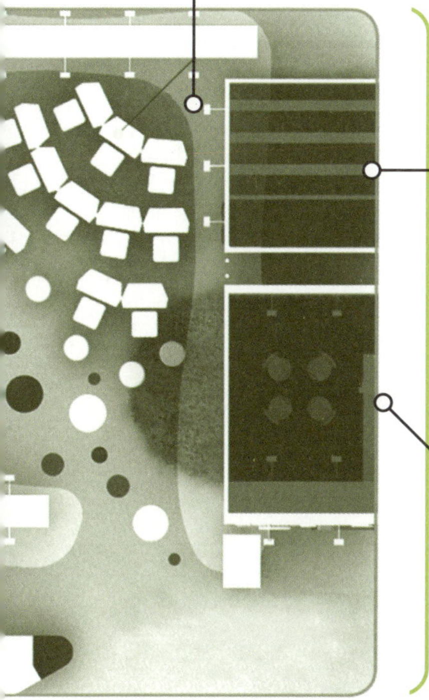

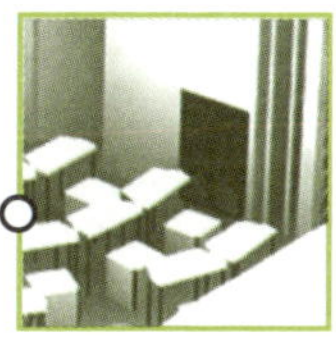

준비실

겨울엔 두꺼운 외투도 좀 걸고,
자주 쓰는 물건도 넣고,
선생님들 준비 물품도 넣고
교실에 모두의 창고가 필요하지 않을까?

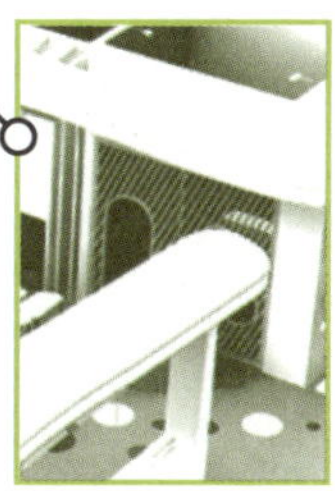

복도

복도는 통로로만 써야 될까?
만나고, 쉬고 나누고, 기다리고, 쓰고,
먹고, 웃고, 떠들고, 또 뭘 할 수 있지?

휴게/녹색 공간

쉴 수 있는 공간은 필수야.
그리고 꼭 학교 녹지는 텃밭이거나
생태 정원일 필요는 없잖아.
교실 안에 숨 쉬는 생물도
공간도 있어야지!

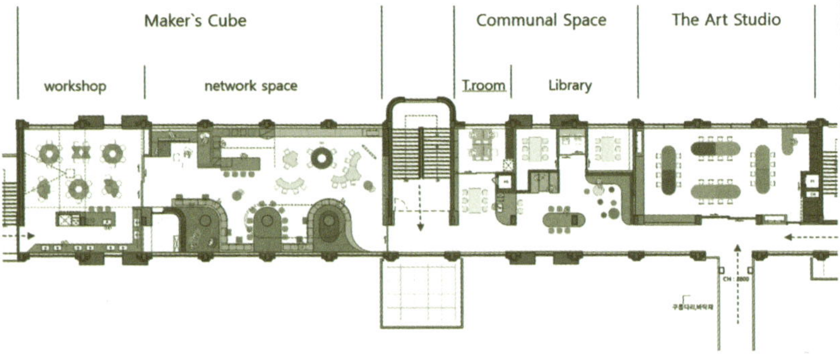

충북대사대부고 공간 기획
출처: 오즈앤엔드 건축사 사무소, 교육부(2019) 재인용

남원 덕과초등학교의 혁신은 건축가의 상상에서 비롯되었다. '산의 속삭임'이라는 주제로 지역성과 자연을 설계에 담아낸 박기우 교수는 열린 구조의 교실과 도서관, 옥상 전

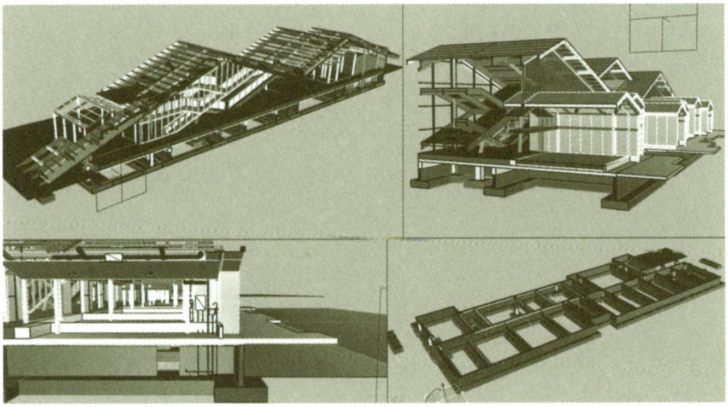

덕과초 BIM 설계 부분
출처: 박기우 비정형 건축설계 연구소

덕과초 전경
출처: 박기우 비정형 건축설계 연구소

망대, 야외 교실, 외부 공간을 통해 학습과 휴식이 자연스레 이어지는 환경을 구현했다. 3D 모델을 기반으로 한 BIM 설계와 정밀 시공으로 초기 아이디어가 오차 없이 현실이 되었고, 아이들은 교실에서 곧바로 자연 속 배움으로 걸어나갔다. 덕과초는 건축가가 교육적 실험을 공간 언어로 풀어내며 학교와 지역을 잇는 귀중한 모델을 제시했다.

마지막으로 울산교육청은 "교사를 바꾸려면 먼저 공간을 바꿔야 한다"는 선언 아래, 장학사들이 '난장'이라는 참여형 프로그램을 기획했다. 교사·학생·학부모가 한자리에 모여 공간의 가능성을 체험했으며, 그 경험은 정책 공감대로 확산됐다. 초기에는 '시설과의 일'이라는 조직 내부 관성이 있었지만, 시설직과 교육 전문직이 협업하는 혼합팀이 꾸려지면서 장애물은 빠르게 사라졌다. 프로젝트에 참여한 교사들은 "학교와 공공 건축을 바라보는 시선이 완전히 달라졌다"고 입을 모았고, 전국 학교를 직접 탐방하며 배움과 교류의 폭을 넓혔다. 울산 사례는 공간 혁신이 행정 사업을 넘어 정책 언어와 조직 문화를 재편하는 계기가 될 수 있음을 알려준다.

수왕초의 공동체적 자치, 덕양중의 생활·학습 연속성, 충북사대부고의 정책과 교육과정의 종합, 덕과초의 건축가적 상상, 울산교육청의 조직 혁신 그리고 그 출발점이 된 '경계 없는 학교' 체험 교실까지 이 모든 사례는 한 가지 결론으로 모인다. 학교 공간 혁신은 단순 리모델링이 아니라, 교육과정·공동체·정책·건축·지속 가능성이 정교하게 맞물릴 때 완성된다. 공간은 단순한 배경이 아니라 사고의 틀이자 삶의 무대이며, 학교를 살아 있는 학습 공동체로 전환시키는 결정적 조건이다. 학생과 교사가 참여하고, 학부모와 지역이 연결되며, 행정과 정책이 이를 뒷받침할 때, 공간 속 작은 균열들은 서로 만나 거대한 전환을 만들어낸다. 약속은 그 작은 균열 위에서 현실이 되고, 그 균열이야말로 변화를 이끄는 진정한 동력이 된다.

위기를 기회로, 그린스마트스쿨

2020년 3월, 코로나19가 선포되자 교육부는 개학을 여러 차례 연기하며 전면적인 원격수업 체제로 급선회했다. 아이러니하게도 이 '멈춤'의 시간은 학교 공간 혁신에겐 오히려 절호의 기회가 되었다. 감염병이 조명한 기후위기, 학교 생태계, 친환경 에너지 같은 의제는 학교 공간을 단순히 고치는 수준을 넘어, 탄소중립·디지털 전환·안전이라는 새로운 패러다임으로 재구조화해야 한다는 사회적 공감대를 빠르게 형성했다.

이 흐름 속에서 문재인 정부는 기존의 '학교 환경 개선 사업'을 '그린스마트스쿨'로 격상시켜 한국판 뉴딜 10대 대표과제에 포함시켰다. 목표는 명확했다. 전국 초·중·고에 에너지 절감 설비와 디지털 학습 환경을 구축해, 안전하고 쾌적한 녹색학교이자 온오프 융합형 학습 공간으로 전환하자는 것이다. 2021년부터 2025년까지 18조5000억 원을 투입해 약 1400개교, 2800여 동을 개축·리모델링하기로 한 이 계획은 '공간 혁신·스마트교실·친환경 그린학교·학교복합화' 네 축을 중심으로 추진됐다. 아이들마다 생김새와 생각이 제각기 다르듯 학교도 교육의 단계와 목적, 지역적 특성에 따라 혁신이 필요한 부분이 다를 수밖에 없다. 이에 따라 사전 기획에서도 학교 특색 교육이 강조되었고, 초등학교가 자연친화적 학교를 만드는 데 적극적이라면, 고등학교는 도입이 예정된 고교학점과 미래 교육 담론과 맞물려 다양한 수업이 가능한 공간으로의 변화가 요구되었다.

예를 들어 부산국제외고는 외고에서 일반고로 자발적으로 전환한 학교였는데, 2020년에 고교학점제 선도 학교로서 과학, 예체능 등 진로에 따른 과목 선택을 확대하면서도 외국어고의 특성화된 교육과정을 유지하고 있었다. 코로나19 상황에서도 지역의 여러 기관과 협업하며 온라인 수업을 내실 있게 운영하기도 하고, 기존 외고 교육과정의 특색을 살려 서울의 독일문화원과 연계해 원격지도를 하는 등 다양한 시도를 하고 있었다. 이런 경험을 바탕으로 2020년 2학기부터 해외 자매결연 학교와 화상수업을 하는 한편, 인근 일반고의 희망 학생을 받아서 공동교육과정을 운영할 계획이었다. 결과적으로 교내에는 온·오프 혼합형 수업을 지원하는 다목적 스튜디오와 이동형 학습벽, 가변 가구가 우선 구축되어야 했다.

2019년에 사업을 시작할 때만 해도 5년간 3조5000억 원 정도로 책정됐던 학교 공간 혁신 예산이 2021년에는 18조 5000억 원 규모로 커지면서 교육부 직원들은 더 바빠졌다. 처음에는 장관의 관심 사업 정도로 여겼던 프로젝트가 국가 과제가 되니 더 적극적으로 워크숍을 조직하고 학교 현장을 발로 뛰는 열의를 보였다. 그런데 막대한 예산이 투입되는 거대 프로젝트가 되면서 점차 학교 공간 혁신의 본질적 가치와 철학보다 변화한 디자인과 눈에 보이는 성과에 치중하게 되는 부작용이 생기기 시작했다. 몇몇 언론과 정치권에서는 '시설 개선보다 교육 실험에 중점을 두는 걸 보니 혁신학교로 가는 꼼수'라고 의심하는 이들도 있었다. 정치적인 이해관계에 따른 비난과 관련 업계의 이권 사업화, 대상 학교 선정과정의 잡음 등 문제점이 생기면서 서울에서는 학부모들이 반발하기도 했다. 윤석열 정부가 들어서서 대규모 감사가 진행되는 등 사업이 좌초될 위기에 처하기도 했지만, 지금은 예산을 지방비로 전환해 '공간 재구조화'로 바꿔 지속하기로 방향을 잡았다.

이 과정은 앞서 논의해온 참여와 협력, 사용자 주권, 공동체·정책·지속 가능성의 결합이라는 원칙을 다시 검증하는 시간이기도 했다. 코로나19라는 전대미문의 위기 속에서 공간 혁신은 단순 시설 교체가 아니라, 기후위기 대응과 디지털 학습 전환을 한꺼번에 담아낼 수 있는 잠재력을 드러냈다. 동시에 거대 예산과 정치적 이해가 뒤얽히면, 학습자 중심 설계와 민주적 의사 결정이라는 공간 혁신의 본질이 얼마나 쉽게 희석될 수 있는지도 확인했다.

결국 교훈은 분명하다. 위기 속에서 마련된 '멈춤의 틈'이야말로 학교 공간 혁신이 뿌리내릴 기회였다. 그러나 그 기회가 지속 가능한 변화로 이어지려면, 거대한 재정과 제도만으로는 부족하다. 학생·교사·지역이 함께 만드는 작은 균열, 즉 참여와 협력의 문화가 구석구석에서 자라나야 한다. 그렇게 모여든 균열이야말로 위기를 기회로, 그리고 학교를 미래 학교로 전환시키는 진정한 동력임을 그린스마트스쿨의 여정은 말해주고 있다.

미래 교육의 시작, 사회적 집짓기

일 년여 전, 한 고등학교 교장선생님에게서 문자 한 통이 도착했다. 그린스마트스쿨 공사가 마무리돼 새 교실에서 수업을 시작했는데, 아이들과 교사 모두 이전과는 다른 표정으로 학교를 맞이한다는 감사 인사였다. 전국 곳곳에서 같은 소식이 이어지고 있다는 사실은, 수년 간의 논쟁과 시행착오에도 불구하고 이 사업이 결코 헛된 노력이 아니었음을 증명한다. 전임 정부의 핵심 과제였다는 이유로 표적 감사까지 받았지만, 윤석열 정부 또한 사업 자체를 폐기하지는 못했다. 학교 공간 혁신은 더 이상 미룰 수 없는 '교육을 위한 사회적 약속'이라는 점을 누구도 부정할 수 없었기 때문이다. 정부 주도에서 시·도교육청 중심으로 무게추가 옮겨가긴 했지만, 교육 혁신·공간 혁신·친환경·디지털 전환·학교복합화라는 그린스마트스쿨의 다섯 기둥은 고스란히 계승됐다.

이 약속은 단순히 학생만을 위한 것이 아니다. 급격한 고령화로 지역공동체의 구조가 흔들리는 지금, 학교는 아이들과 어른이 함께 숨 쉬는 마을의 마지막 공공 자산이라는 자각이 널리 퍼졌다. 낮에는 학생이 배우고, 저녁엔 지역 주민들이 평생교육과 문화 프로그램을 누릴 수 있는 복합 캠퍼스를 꿈꾸지 않고서는, 인구 감소 시대 지역 학교의 존속도 장담하기 어렵다. 그러므로 '벽을 허물고 문을 여는 일'은 교육 혁신이자 세대 간 계약이기도 하다.

우여곡절 끝에 얻은 교훈은 명확하다. 무엇보다 중요한 것은 학교 구성원 모두의 진정성 있는 참여다. 보여주기식 설명회나 형식적 설문으로는 공간이 살아 움직이지 않는다. 기획 단계부터 교육과정과 공간, 지역사회의 현실을 함께 논의해야 한다. 예산 확보 못지않게 중요한 것은 투명하고 민주적인 절차다. 사업 대상 선정·예산 집행·완공·사후평가까지 모든 과정을 열어두어야 학교 공간 혁신은 공동체를 단련하는 학습과정이 된다. 또한 해외의 성공 사례를 참고하되 우리 교육 현실과 지역 문화·자연 환경·인구 구조에 맞는 모델을 개발하려는 노력을 멈춰서는 안 된다. 핀란드처럼 국가 차원에서 학교 건축 가이드라인을 꾸준히 갱신하고 연구하는 일 역시 장기 과제가 될 것이다.

나는 이 길을 걸으며 스스로에게 물었다.

'우리 학교는 어떤 방향으로 달라져야 할까?'

'아이들이 배우고 쉬고 어울리려면 어떤 공간이 필요할까'

'고령화사회에서 주민과 함께 쓰려면 어떤 벽을 허물고 어떤 문을 열어야 할까?'

이 질문은 수사가 아니다. 학생들의 상상과 요구는 교사의 실천, 학부모와 지역 주민의 참여와 만나 학교를 움직이는 진정한 출발점이 된다. 책상 배열을 바꾸는 사소한 시도에서 마을과 연결된 평생학습·돌봄 거점을 만드는 대담한 실험까지, 참여와 자치의 경험이 층층이 쌓일 때 학교는 살아 있는 배움터이자 세대가 만나는 광장으로 변모한다. 공간 혁신은 시설 교체가 아니라 공동체를 재조직하고 교육과정을 다시 쓰는 작업이며, 노인과 아이가 함께 사용할 미래형 공공 자산을 설계하는 일이기도 하다.

무엇보다 이 과정을 단기 성과로 소비하지 않고 미래 교육·미래 지역사회로 가는 장기적 발걸음으로 인식해야 한다. 지속적인 투자와 관심이 이어질 때, 학교는 학생·교사·학부모·지역 주민 모두가 존재감을 확인하고 성장하는 플랫폼이 된다. 그 순간, 네모반듯하던 교실과 담장은 상상하지 못했던 풍경으로 바뀔 것이다. 우리는 이미 작은 변화 속에서 그 가능성을 확인했다. 갈등을 두려워하지 않고 소통과 협력을 이어간다면, 아이들이 행복하게 배우고 어른들이 존중받으며 함께 성장하는 미래 학교, 미래 마을을 한 걸음씩 현실로 만들어갈 수 있을 것이다. 그리고 그 길의 첫걸음은 여전히 같다.

"네가 머물고 싶은 학교라면, 어떤 공간을 함께 만들고 싶니?"

10. 우리를 마지막 세대로 남기지 않기 위해
: 기후책임 섭씨 1.5도의 길

빙하가 사라져 떠도는 북극곰, 바다 수온 상승으로 자취를 감춘 명태, 갈수록 사과 재배가 어려워지는 경북. 기후재난은 이미 일상 속에 들어왔다. '역대급 더위'를 견디며 우리는 이 열기가 결국 우리 선택의 결과임을 깨닫고 있다.

기후위기는 과학·경제·문화가 얽힌 총체적 문제다. 해법도 교실 안팎의 삶을 바꾸는 집단적 학습과 실천이어야 한다. 무엇보다 기후위기 교육은 '다음 세대를 위해 지금 우리가 맺는 사회적 약속'이라는 인식을 바탕으로 해야 한다. 교육만이 지식을 넘어 '어떻게 살 것인가'를 묻고 행동으로 이끌 수 있는, 사회적으로 합의된 장이기 때문이다.

그러나 교실 하나로 지구가 식지는 않는다. 온실가스를 대량으로 배출해온 국가정책과 산업계의 선택이 근본 원인임을 짚어두어야 한다. 실제로 한국은 정권이 바뀔 때마다 재생에너지 목표를 늘렸다가 축소하기를 반복했고, 산업계도 비용이 높아지면 탄소 저감 약속을 미뤄왔다. 이에 대한 비판이 일어도 우리는 디젤 가격 인상이나 ESG 비용처럼 자신의 지갑을 열어야 하는 순간엔 고개를 돌리는 이중적 태도를 보인다. 이런 구조적 지체를 바꾸라고 압박할, 그리고 실천할 시민의 힘을 기르는 것, 그것이 교육이 맡을 다음 과제다.

이 장은 거창한 설계도를 펼쳐 보이기보다, 우리 곁에 이미

스며든 기후위기의 감각을 함께 더듬어보려 한다. 교실에서 시작된 작은 물음이 거리의 행동으로, 다시 정책의 변화로 이어지는 과정을 따라가면서 청소년·교사·기업·정부 누구도 책임에서 비켜설 수 없음을 조용히 짚어보고자 한다. 기후재난이 일상이 된 지금, 우리가 택할 수 있는 가장 실질적인 희망이 어디에서 자라는지 함께 살펴보자.

청소년이 던진 '기후우울' 질문, 우리 모두의 책임

고양시의 한 고등학교 3학년 학생이 쓴 「기후위기 공포소구의 공포 수준과 메시지 프레이밍이 기후 허무감과 기후변화 대응 행동 의도에 미치는 영향」[×]이라는 논문이 최근 학계와 언론의 주목을 받았다. 그는 사회 과목 수행평가로 제출했던 연구 계획서를 확장하면서, "대학이 좋아할 만한 것이 아닌 진짜 내가 하고 싶은 연구"를 파고들고 싶었다고 설명했다. 중학생 시절 자신을 짓눌렀던 기후우울climate anxiety을 연구의 출발점으로 삼은 셈이다. 2023년 굿네이버스가 국내

× 우혜림, 「'기후우울' 겪은 고3 수험생은 논문을 쓰기 시작했다」, 경향신문, 2025.

아동·청소년 441명을 조사했을 때에도 응답자의 열 명 중 아홉 이상이 기후변화를 "심각하다"고 평가했으니, 그가 느낀 불안과 무력감은 개인적인 경험을 넘어 또래 세대가 공유하는 집단적 정서에 가깝다.

'역대급'이라는 수식어가 매년 새로워지는 이상기후는 청소년의 일상을 실질적으로 흔들고 있다. 체감되는 변화는 분명한데, 사회와 기업이 내놓는 대책은 더디니 "애써도 달라질 것이 없다"는 허무감이 커질 수밖에 없다. 미국과 영국에서는 10대에서 30대에 이르는 청년층이 느끼는 상실감과 좌절을 주목하며 기후우울을 정신 건강 의제로 본격적으로 다루기 시작했다. 아직 국제 질병 분류에는 등재되지 않았지만 주요 학술지와 전문 심리 단체들은 기후불안을 우울·불안 장애의 하위 범주로 논의하면서 상담과 치유 모델을 개발하고 있다.

영국 연구팀이 10개국의 16~25세 청년 1만 명을 조사했더니, 응답자의 77퍼센트가 "기후위기로 미래가 두렵다"고 답했고, 68퍼센트는 "슬프다", 63퍼센트는 "불안하다"고 말했다. 전 세계의 젊은 세대가 '지구상의 마지막 세대'일지 모른다는 동일한 공포를 공유하고 있다는 뜻이다.

청소년 기후우울의 심각성을 드러낸 대표 인물은 스웨덴의 기후운동가 그레타 툰베리Greta Thunberg다. 그는 2019년

뉴욕 유엔 기후행동 정상회의 연설에서 "당신들은 내 꿈과 어린 시절을 빼앗았다"고 세계 지도자들을 질책했고, 그 목소리는 단숨에 지구촌을 흔들었다. 2018년 스웨덴 의회 앞 1인 시위 '기후를 위한 학교 파업'을 시작으로, '미래를 위한 금요일Fridays for Future' 운동이 세계에 퍼져 나간 것도 그 결과다.

한국의 교육 현장도 뒤늦게나마 대응책을 모색하고 있다. 2022년 개정된 「환경교육진흥법」은 학교급별 '생태전환교육'을 의무화했고, 서울시교육청은 2025년 8월, 학생과 교직원의 심신 안정을 돕기 위해 학교 안에 '치유정원'을 조성하고 이를 기반으로 한 맞춤형 정서 지원 프로그램을 예고했다. 경기교육청도 메타버스 상담과 '마음건강 증진학교' 등 정서 지원 사업을 시범 운영 중이지만, 두 교육청 모두 기후우울만을 별도로 다루는 전용 상담 체계는 잘 보이지 않는다. 한편 여러 학교의 환경 동아리는 기후행동 프로젝트를 과학·수학·예술 교과와 연계해 확장하고 있으며, '그린스마트스쿨' 사업 역시 에너지 절감 설계에 그치지 않고 학생 참여형 생태·탄소중립 교육을 핵심 요소로 삼고 있다.

그러나 아직 갈 길은 멀다. 교육계에는 기후우울 관련 임상·실천 연구가 거의 없고, 정신 건강 전문가와 교사가 협력할 제도적 통로도 미비하다. 전국 단위 통계조사나 표준화된 평가 도구가 부족해 실제 지원이 필요한 학생을 선별하기조차 쉽지 않다. 바로 이런 공백을 메우려는 실험이 고등학생 연구자의 논문에서 출발했다는 사실은 교육 시스템이 놓친 과제를 학생 스스로가 포착하고 있음을 보여준다.

고양시의 고3 학생이 택한 연구 주제는 '입시용 스펙'과는 거리가 멀다. 그는 스스로 경험한 불안에 질문을 던지고, 그 답을 찾겠다는 마음으로 연구를 시작했다. 이 솔직한 선택은 기후위기로 숨이 막히는 또래들의 감정을 드러낸 것이자, 기성세대에게도 '이 불안을 함께 책임질 준비가 되어 있는가'라고 묻는 강력한 메시지다.

기후감수성 격차: 세대·성별 인식 차이와 교육 과제

기후위기를 위협으로 받아들이는 감수성은 세대와 성별에 따라 놀라울 만큼 다른 얼굴을 보인다. 2022년 『시사인』이 전국 만18세 이상 5000명을 대상으로 실시한 설문에서 응답자의 90퍼센트가 "우리는 이미 위기 상황에 놓여 있다"고 답했지만, "당장 특단의 대책이 필요하다"는 항목에 찬성한 비율은 세 명 중 한 명에 그쳤다. 흥미로운 대목은 세부 집단을 들여다볼 때 드러난다. 20대 여성은 '심각성'과 '대책 필요성' 두 항목 모두에서 전 연령·성별 집단 가운데 가장 높은 동의율을 나타냈고, 같은 연령대 남성은 정반대에 가까운 수치를 기록했다. 30대 이상으로 올라가면 남녀 차이가 다소 완화되지만, 세대별로는 젊은 층일수록 위기 체감이 더 극단적으로 양분되는 경향이 뚜렷하다. 이런 결과는 'Z세대는 기후감수성이 높을 것'이라는 통념이 성별이라는 변수 앞에서 얼마나 쉽게 흔들릴 수 있는지를 보여준다.

같은 세대 안에서도 왜 이렇게 큰 간극이 발생할까. 사회심리학자들은 가치관과 정보 소비 방식의 차이를 일차적 원인으로 꼽는다. 20대 여성 집단은 소비 지향과 거리를 두는 '탈물질주의' 경향을 보이며, 돌봄과 관계에 대한 감수성이 상대적으로 높다. 이들은 기후위기를 생태계 파괴만이 아니라 개인 삶의 안전과 존엄을 위협하는 문제로 직결해 해석하는 경향이 강하다. 반면 20대 남성은 기술 낙관주의와 경쟁 지향적 가치, 경제적 실용성을 우선순위에 두는 비율이 높다. 위험 인식 자체가 낮다기보다 '결국엔 과학기술과 시장 메커니즘이 해법을 마련할 것'이라는 믿음이 불안을 상쇄한다는 해석이다. 가령 같은 '탄소중립' 이슈라도 20대 여성은 '생활 방식 변화'와 '미래 세대 책임'을 우선적인 과제로 받아들이는 반면, 20대 남성은 '신재생에너지' '소형 모듈형 원전SMR'처럼 혁신 기술의 상업화를 해법으로 상상하는 식이다.

이 같은 감수성 격차는 기후교육이 어떤 언어와 전략을 선택해야 하는지를 분명히 일깨운다. 도덕적 호소만으로는 기술·경제 논리로 무장한 집단의 참여를 끌어내기 어렵고, 첨단 기술 담론만 강조하면 이미 불안을 체감하는 집단의 공감과 행동 동력을 약화시킬 수 있다. 다시 말해, '기후위기는 모두의 문제'라는 선언이 실질적 행동으로 이어지려면 위험·기술·경제·정서의 다층적 담화를 촘촘히 엮어내는 다중 프레이밍이 필수다.

교육 현장에서 이런 '다중 프레이밍'을 실제로 구현하는 방법은 생각보다 단순하다. 예컨대 한 학기 동안 고등학교 과학 수업에서 탄소 배출 시나리오와 기후모델을 다룬 뒤, 사회 과목 프로젝트로 재생에너지 비즈니스 모델을 설계하게 하면 기술·경제적 상상력이 자연스럽게 확장된다. 반대로 공학과 경영에 관심이 큰 학생들에게는 극한기후가 지역 복지와 식량 안보에 미치는 영향을 조사·토론하게 해 돌봄과 연대의 감수성을 직접 체험하도록 유도할 수 있다.

이러한 '기술+케어' 접근은 해외에서는 이미 활발하다. 미국 위스콘신주 치페와폴스고의 '그린 팀Green Team' 학생들은 공공 보조금 18만 달러를 유치해 노숙·저소득층 임시주택 단지 '호프 빌리지'에 40킬로와트 태양광 설비와 배터리

백업 시스템을 설치하면서, 에너지 전환과 지역 돌봄을 동시에 실험하고 있다. 국내에도 유사한 움직임이 이어진다. 경기도 파주 세경고 학술 동아리 '전·화·기(전자·화학·기술)'는 태양광 랜턴을 직접 제작해 아프리카 오지에 보내는 '라이팅 칠드런' 캠페인에 참여하면서 에너지 나눔을 실천했다.

예술적 감수성과 기후행동을 접목한 사례도 많다. 미국 매사추세츠주 케이프코드 지역 고교생들은 사진을 통해 기후 재난 현장을 기록한 뒤 'Witnessing Climate Change' 전시를 열어 지역 축제 관람객에게 탄소 발자국 줄이기를 제안했고, 청심국제중고교 디자인 동아리 '디페이퍼D_PAPER'는 'The Silent Crisis' 전시회(The Silent Crisis: Unveiling the Severity of Environmental Challenges: 침묵의 위기: 환경 문제의 심각성을 밝히다)를 열어 본인들이 그린 기후위기 작품을 판매하고 수익 일부를 환경단체에 기부했다.

이처럼 교과 간 경계를 허물고, 기술과 감성을 나란히 세우는 활동은 학생들에게 '기후행동은 과학 실험실에서만 혹은 미술관에서만 일어나는 일이 아니다'라는 메시지를 각인시킨다. 나아가 위험 인식을 삶·경제·문화 전반의 구체적 행동으로 전환하는 가장 효과적인 교육 전략이 될 수 있다.

정책 차원에서도 다중 프레이밍은 새 논리를 제공한다. 2023년 산업부가 발표한 '신재생에너지 융복합 지원사업'은 기존 에너지 빈곤층 지원을 넘어 지역 청년 스타트업 참여 비율을 평가 지표에 포함했다. 생태·사회·경제 세 축을 통합적으로 설계한 셈인데, 학교교육에서 길러진 기술 이해력과 돌봄 감수성이 청년 창업 동력으로 이어질 수 있다는 점을 정책이 공식적으로 인정한 사례로 볼 수 있다. 이러한 제도적 메시지는 청소년에게 '기후행동이 곧 경제와 일자리, 안전망 구축'이라는 인식을 심어주며, 위험 인식이 낮은 집단까지 행동의 장으로 끌어들이는 촉진제가 된다.

세대와 성별 격차를 '갈등의 지형'이 아니라 '대화의 재료'로 전환할 때 기후교육은 비로소 모두를 향할 수 있다. 여성 친화적 감성 교육과 기술·경제 중심 접근을 대립 구도로 두지 말고, 상호 보완적 퍼즐로 배치하는 전략이 필요하다. 그것이 기후위기를 '환경'이라는 단일 프레임에서 끌어내 삶·경제·안보를 아우르는 종합 문제로 인식시키고, 각기 다른 관심 축을 가진 학생들이 같은 목표를 향해 나아가도록 만드는 교육의 역할이다. 다층적 감수성을 키우는 교육이야말로, 거대한 위기를 앞에 두고도 서로를 탓하며 머뭇거리는 사회를 행동과 연대로 이끄는 가장 현실적인 해법이다.

독일의 환경·에너지 전환이 남긴 문화적 토대

문수이(가명) 씨는 독일 교민 2세다. 그가 다섯 살이던 1980년대, 아버지를 따라 처음 한국에 왔을 때 일어난 일화는 독일 가정교육의 결을 단번에 보여준다. 서울 시내 전자오락실에서 신나게 게임을 마친 뒤, 그는 아무런 망설임 없이 오락 기계가 꽂혀 있던 멀티탭의 플러그를 통째로 뽑아버렸다. '게임이 끝났으니 전기를 꺼야 한다'는 독일식 상식이 한국 오락실에선 대혼란을 불러온 것이다. 우르르 몰려든 손님들의 원성을 듣고서야 수이 씨는 '전기가 필요할 때만 쓰고 끄는 것'이 보편적 규칙이 아님을 알았다고 회상한다.

플러그를 뽑고 욕조 물을 돌려쓰는 절약 문화는 독일인의 일상적 습관이다. 독일 가정용 전기요금(2024년 하반기 평균 0.39€/kWh)은 EU 최고 수준이고, 가스·수도 요금도 한국보다 두세 배가량 비싸다. 높은 에너지 가격이 절약 의식을 강제한 측면도 있지만, 무엇보다 '에너지는 귀한 공공 자원'이라는 윤리가 유년기부터 체화돼 있다. 이러한 생활문화는 이후 국가정책과 학교교육이 뿌리내릴 토양이 되었다.

정책적 전환은 1970년대 오일 쇼크에 대한 대응으로 본격화되었다. 1991년 시행된 전력매입법은 재생에너지 생산자에게 프리미엄 요금을 보장해 초기 투자 부담을 덜어주었다.

2000년 재생에너지법EEG은 FIT 부담 체계를 전력 소비자 요금에 전가해 '누구든 재생에너지 생산자가 될 수 있는 길'을 열었다.

2010년 메르켈 정부는 에너지 전환Energiewende 전략을 발표하며, 1990년 대비 2020년까지 온실가스 40퍼센트, 2050년까지 80~95퍼센트를 감축하고, 1차 에너지의 60퍼센트를 재생에너지로 공급하겠다고 선언했다. 후쿠시마 사고 직후 독일 의회는 계획했던 원전 수명 연장을 전면 철회하고, 2023년 4월 마지막 3기 원전의 가동을 종료하면서 유럽 최초로 '탈원전'을 완수했다.

2022년 우크라이나-러시아 전쟁으로 러시아산 가스 공급이 막히자, 독일은 일시적으로 석탄발전 11.6기가와트를 예비 전력으로 재가동하고 원전 폐쇄 시한을 세 달 연장하는 고육지책을 병행했다. 동시에 '부활절 패키지'를 통과시켜 2030년 재생전력 비중 80퍼센트, 2035년 사실상 100퍼센트 달성을 법제화하고 풍력·태양광 증설 및 전력망 확충에 속도를 더했다. 위기 국면에서도 '탈탄소 속도는 늦추지 않는다'는 사회적 합의가 확인된 셈이다.

독일의 환경·에너지 전환은 이처럼 생활 습관에서 출발해 법·제도로 확장되고, 위기 속에서도 목표를 재확인하는 과정을 거쳐 왔다. 이처럼 정책·문화가 두텁게 축적된 독일은, 교육을 통해 그 합의를 다음 세대로 '전이'하는 체계를 어떻게 갖췄을까.

학교에서 길러내는 기후시민: 독일 지속 가능발전교육 모델

독일의 교육계는 에너지·기후정책의 변화를 그대로 반영하며 '환경보호 교육Umwelt Bildung'을 넘어 지속 가능발전교육Bildung für nachhaltige Entwicklung (이하 BNE) 체제로 뼈대를 바꿔왔다. 전환의 분수령은 2015년이다. 독일 정부는 연방교육연구부를 중심으로 유네스코의 글로벌 BNE 프로그램 이행을 선언하고, 정치·산업·학계·시민단체가 함께하는 국가 BNE 플랫폼을 가동했다. 목표는 유치원부터 대학과 직업교육까지 모든 단계에 '지속 가능성' 개념을 구조적으로 심는 것이었고, 이는 곧 '내가 선택한 생활방식이 생태계·사회·경제에 어떤 파장을 남기는가'를 이해하는 시민 역량으로 정의됐다.

공적 시스템은 속도를 늦추지 않았다. 2017년 발표된 국가행동계획 BNE는 130여 개 세부 과제를 담아 "교과 간 횡단 학습"과 "프로젝트 중심 실천"을 정규 교육과정으로 묶었고, 2021년 베를린 유네스코 총회에서 독일은 2030년까지의 새 글로벌 로드맵에 주도적으로 서명했다. 2024년 교육장관협의회는 '유엔 지속가능발전목표SDGs'를 전 교과에 통합하라는 권고안을 개정해 학교 급식·건물 에너지 관리까지 학습 주제로 끌어올렸다. 더 나아가 2025년 개정 국가 지속가능발전 전략에는 'BNE 인증 학교 비율'이 처음으로 핵심 지표로 삽입돼, 교육 분야조차 정책적 성과 관리의 대상으로 편입되었다.

현장 프로그램은 정책 청사진을 생활 수업으로 번역한다. 연방환경부의 '기후를 위한 영리한 선택Clever fürs Klima'은 전문 에너지 컨설턴트를 초등학교·유치원에 파견해 학생들이 직접 교실 전력 사용을 측정하고 절감 아이디어를 실행하도록 돕는다. 이 프로그램에 참여한 학교·기관은 해마다 전력·난방을 평균 10퍼센트 이상 줄이며, 절약 효과를 가정으로 확산시키는 선순환을 만들고 있다. 라이프치히 시가 운영하는 '반-반(50 대 50)' 프로젝트는 더 직접적이다. 학교가 이전 학년도보다 절감한 에너지 비용의 절반을 현금 인센티브로 돌려주는 제도인데, 2018~2019학년도에만 14개 학교가 4만 유로가량의 비용을 절감해 절반을 학교 발전 기금으로 되돌려받았다. 학생과 교직원이 모두 '에너지 민감성'을 생활화해야만 얻을 수 있는 결과다.

네트워크 기반 활동도 활발하다. 전국 수백 개 학교가 에

코스쿨Eco-School이나, 작은 연구자들 하우스Haus der Kleinen Forscher 같은 플랫폼에 가입해 쓰레기 줄이기, 학교 숲 가꾸기, 기후변화 토론을 꾸준히 이어간다. 학교 울타리를 벗어난 청소년 움직임도 눈에 띈다. 연방청소년청 산하 '청소년환경연합NAJU'은 캠프·워크숍·지역 프로젝트를 주도하며, 정부는 2017년부터 16~27세 청년 30명을 모아 'BNE 청소년 패널'을 구성했다. 이들은 연방 지속가능발전 전략 자문은 물론 자체 기후·생태 프로젝트를 기획·집행하면서 '미래세대의 대변자' 역할을 수행한다.

정리하면, 독일은 정책-학교-지역-청년을 촘촘히 잇는 다중적 구조로 기후·에너지 교육을 생활 속 실천으로 끌어내고 있다. 법·제도가 제시한 탈탄소 목표는 학교 교실에서 '측정·행동·평가'의 일상 언어로 번역되고, 청소년은 거리 시위와 국가 전략 자문을 오가며 정책 변동의 주체로 성장한다. 독일 사례는 '정책 일관성·생활 교육·자발적 참여'라는 삼각 구도가 작동할 때, 기후행위 주체로서의 시민 역량이 탄탄히 길러질 수 있음을 보여준다.

한국의 현실과 과제: 제도·교사·지역사회

우리 사회도 기후위기 대응 교육의 중요성을 인식해 2022년 '학교 환경교육 정보센터'를 공식 개통하며 첫발을 내디뎠다. 이 포털은 유치원에서 특수학교까지 학교급별 맞춤형 기후·환경 자료를 제공하고, 현장 교사와 전문가가 자유롭게 활용할 수 있는 프로그램을 지속적으로 개발하겠다는 목표를 내세웠다. 그러나 단위 학교가 실제로 활용할 수 있는 통합 커리큘럼은 아직 마련되지 않았고, 교과 운영 역시 시·도교육청이나 교사의 자발적 노력에 의존하는 것이 현실이다.

가장 시급한 문제는 전문 교사 인프라의 부족이다. 전국 대학에서 환경 교육 전공 학과는 매우 적고 고등학교에서 환경 교과 운영과정 또한 미흡하다. 설령 환경 과목을 개설하더라도 지리나 지구과학 교사가 겸임으로 담당하는 사례가 잦아, 심화 수업이나 프로젝트형 수업을 계획하기 어렵다. '개발'과 '성과' 중심 가치가 여전히 교육 현장에 깊이 뿌리 내려 있는 탓에 기후·생태 교육은 선택 과목이나 비교과 활동으로 밀려나기 일쑤다.

하지만 현실이 녹록지 않다고 해서 교육의 필요성이 줄어드는 것은 아니다. 다수의 아이가 대도시에서 성장해 계절

변화조차 체감하기 어려운 환경에 놓여 있고, 디지털 기반의 원자화된 관계망은 자신과 생태계를 잇는 상상력을 약화시킨다. 문제의 심각성을 일시적으로 인지하더라도 생활의 편리함은 곧장 경각심을 희석한다. 결국 그 비용은 미래 세대가 떠안을 수밖에 없다. 이제라도 기후변화 대응을 포함하는 환경·생태 교육의 밑그림을 그리고, 학습자가 자발성과 주도성을 발휘할 수 있는 교과과정을 구축해야 한다.

이를 위한 첫 번째 과제는 지식 학습과 행동 역량을 결합한 체험 중심 교수·학습법의 제도적 지원이다. 탄소 배출 감소 방안을 배우는 이론 수업에 그치지 않고, 학교 내 전력 사용량을 학생이 스스로 측정하고 절감 계획을 실행해보는 방식이 뒷받침돼야 한다. 두 번째 과제는 표준화된 수업안과 풍부한 교육 자료의 확보다. 현재는 교사가 각자 자료를 찾고 수업 구조를 조직해야 하는데, 이 같은 개별적 노력으로는 교육의 균질성과 심층성이 담보되기 어렵다. 과학적 지식뿐 아니라 윤리적 공감과 책임 의식을 길러줄 수 있는 교수·학습 자료와 교사 연수 프로그램이 체계적으로 제공돼야 한다. 세 번째 과제는 학교 울타리를 넘어 가정과 지역사회로 기후교육을 확장하는 일이다. 학생이 학교에서 배운 기후행동을 가정과 지역에서 바로 실천할 수 있도록 에너지 절약 캠페인, 지역 자원 순환 프로젝트 같은 프로그램이 연계되어야 한다. 이 과정에 학부모와 지자체, 기업이 참여할 때 생태 시민 역량은 교육장 밖에서도 자라난다.

기후위기 대응 교육은 사실 기존 교육 패러다임을 급격히 바꾸는 혁신이기보다는, 일상에 깊숙이 스며든 편리함을 되돌아보고 인간과 자연이 공존하는 삶의 방식을 탐색하는 학습의 재구조화라고 말할 수 있다. 그렇기 때문에 학교만으로는 결코 완결될 수 없으며, 가정·지역·국가가 동시에 사고와 제도를 전환해야 한다. 무엇보다 미래 교육의 주인공은 청년 세대다. 그들의 불안과 상상력이 교육 설계 단계부터 반영될 때, 기성세대의 한계를 넘어서는 실행력이 가능하다. 이제는 학교와 지역사회, 정부가 함께 청년의 목소리를 앞세워 기후·생태 교육을 공동 설계하고, 실천 동력을 공유해야 할 때다. 그렇게 할 때만이 우리 교육은 지속 가능한 미래로 향하는 현실적인 나침반이 될 수 있다.

지속 가능한 미래를 위한 다층적 교육 전략

기후재난이 일상이 된 시대, 교육은 더 이상 '전문가의 경고를 전파하는 통로'에 머물 수 없다. 북극 해빙 소식과 한반도의 '역대급 더위'를 교과서 행간에 기록하는 일만으로는, 청소년이 체감하는 불안과 무력감을 행동으로 전환할 수 없다. 서두에서 확인했듯, 기후위기는 복합적 성격을 지닌 사회 문제이고, 세대·성별별로 위험을 해석하는 방식도 서로 다르다. 독일 사례는 정책·생활·교육이 삼중주를 이루면 시민의 실천 역량이 어떻게 누적될 수 있는지를 잘 보여준다. 반면 한국은 제도와 현장이 엇박자를 내고, 교사와 학생이 각자도생에 가까운 방식으로 자료를 찾고 수업을 설계한다.

따라서 지속 가능한 미래를 위한 교육 전략은 국가-학교-지역-학습자 네 층위가 유기적 고리를 형성하도록 재설계되어야 한다. 국가 차원에서는, 탄소중립 이행 계획만큼이나 구체적인 교육 이행 로드맵을 세우고 그 진행 상황을 평가·공개해야 한다. 학교 차원에서는, 교과 통합형 커리큘럼과 체험 중심 수업을 결합해 지식과 행동을 한 자리에서 학습할 수 있는 구조를 마련해야 한다. 지역사회는 거점형 학습 공간이 되어야 한다. 학생이 학교에서 배운 탄소 절감 방안을 가정·상점·지자체 에너지 프로그램과 연계해 실천하는 흐름이 끊기지 않도록, 행정·기업·시민단체가 공동 플랫폼을 운영할 필요가 있다.

무엇보다 학습자, 특히 청년 세대의 목소리를 의사 결정 과정에 적극 반영해야 한다. 독일이 BNE 청소년 패널을 통해 국가 전략 자문에 청년을 참여시키는 모습은 '미래 세대가 자신의 미래를 디자인할 권리'를 제도적으로 보장한 사례다. 한국도 학생 자치회나 청소년 위원회를 넘어, 국가 탄소중립위원회와 같은 기후 거버넌스 기구에 청년 패널을 공식적으로 편입할 필요가 있다. 이는 단순 참여 경험을 넘어 기후정책의 실질적 추진력을 높이는 열쇠가 될 것이다.

그러나 구조만 세운다고 변화가 따라오는 것은 아니다. 기후교육은 인간과 자연의 관계를 다시 묻는 학습이자, 일상에 자리 잡은 '편리함'과 '좀더 빨리, 더 많이'라는 성장 주의의 습속을 재검토하는 성찰 과정이어야 한다. 이 성찰은 지식 전달과 행동 훈련, 두 극점을 오가며 학습자가 '왜 그래야 하는가'와 '어떻게 할 것인가'를 동시에 깨닫도록 하는 경험을 요구한다. 실험실에서 태양광 모듈을 조립한 손이 곧장 지역 요양원 지붕 위 태양광 패널 설치로 이어지고, 사진 수업에서 기록한 홍수 현장이 지역 축제의 전시로 연결되는 순간, 학습자는 자신의 기술과 감성이 사회 변화를 일으키는 매개임을 자각하게 된다.

결국 기후교육은 '특별한 과목'이 아니라 '교육 체제의 재배치'다. 국어 시간의 문학작품 토론에서 생태 감수성을 읽어내고, 수학 시간의 통계 분석으로 온실가스 데이터를 해석하며, 체육 시간의 야외 활동에서 탄소발자국 개념을 실감하는 식으로, 교과와 생활이 맞물릴 때 교육은 비로소 지속 가능한 삶의 리허설장이 된다. 이렇게 다층적·횡단적 교육 전략을 구축한다면, 기후위기가 남긴 막막함을 행동의 언어로 번역할 시민이 학교에서 자라날 것이다. 지속 가능한 미래는 더 이상 선언이 아니라, 오늘 교실과 거리에서 함께 길러가야 할 삶의 기술이다.

국가 차원의 탄소중립 로드맵과 학교·지역의 학습 생태계, 청년 주도 기후 거버넌스가 이 네 축을 단단히 엮을 때, 기후교육은 단순 과목이 아니라 삶을 다시 짜는 사회적 계약이 된다. 이제 교육은 교실과 거리, 정책과 생활을 잇는 '따스한 연결망'을 구축해야 한다. 그 연결망 안에서 학생은 질문을 던지고, 지역은 실험을 지원하며, 국가는 약속을 제도화한다. 그렇게 귀 기울이고, 존중하고, 자라며, 약속을 지킬 때 지속 가능한 미래는 선언이 아니라 오늘의 따스한 실천으로 당도할 것이다.

다시, 따스함을 건네며

책장을 덮는 지금, 우리의 시간은 조금 느려졌을지도 모른다.

낯선 독일 골목에서 마주친 토론 모임이든, 눈발 속 산간의 작은 학교 교실이든, 우리는 배움의 풍경을 따라 걸으며 학교에 숨을 불어넣는 방안과 교육에서 '따스함'이 무엇으로 이루어지는지 들여다보았다. 귀 기울임은 마중물처럼 관계의 온도를 높였고, 존중은 서로 다른 결을 살피는 눈이 되었으며, 자람은 질문을 멈추지 않는 용기로, 약속은 끝내 행동으로 이어지는 다리로 남았다.

책 속 이야기는 끝났지만, 숨 쉬는 학교를 만들기 위한 따스함의 곱셈은 다시 시작이다. 교실이든 가정이든, 회의실이든 광장이든 당신이 서 있는 자리에서 네 가지 값을 다시 곱해볼 차례다. 결과가 '0'이 되지 않도록, 네 축이 동시에 숨 쉬게끔 작고 단단한 결심을 보태주기를 바란다.

읽기를 멈추고 하루를 정리할 때, 자신에게 조용히 물어주었으면 한다.

오늘, 누구의 말에 오래 머물렀나요?

차이를 존중으로 번역한 순간이 있었나요?

무엇을 새로 배우고, 가르치는 방식을 조금 바꾸었나요?

어떤 약속을 제도와 행동으로 묶어두었나요?

이 네 문장은 책을 덮은 뒤에도 사라지지 않는 작은 메트로놈이 되어줄 것이다.

우리의 걸음이 어디로 향하든, 따스함의 리듬이 흔들림 없이 이어지기를.

유은혜

슬기로운 경제 교실 Q&A
: 유은혜가 묻고, 김원장 기자[×]가 답하다

귀 기울임으로 시작해 존중을 배우고, 배움이 자람으로 확장된 뒤 사회와 맺은 약속으로 매듭짓는 것이 이 책의 여정이었다. 이 네 개의 가치는 교실을 떠난 후에도 일상생활 속에서 선택과 태도로 이어질 때 비로소 완성된다. 우리가 매일 마주하는 '돈'은 그 시험대 중 하나다. 경제적 의사 결정은 글과 숫자를 해독하는 문해력, 타인과 미래 세대를 헤아리는 존중, 스스로 삶을 설계하는 자람, 그리고 공동체와 맺은 약속이 구체적 행동으로 나타나는 자리이기 때문이다.

부록 「슬기로운 경제 교실 Q&A」는 1~4부에서 다룬 가치를 경제적 시민성이라는 생활 세계로 옮기는 실천 지침서다. 김원장 기자와 함께 나눈 질의응답을 통해, 독자는 돈과

× KBS 기자로 입사하여 앵커 및 진행자로 활동하다 현재는 삼프로TV 등 부동산·경제 분야의 유튜브·미디어 플랫폼에서 활동하고 있다. 『집값의 거짓말』(해냄, 2020) 등 주요 경제 관련한 여러 책을 냈다.

사회를 읽는 힘이 어떻게 불평등을 줄이고 공동체를 단단히 하는지, 그리고 그 과정에서 교육이 어떤 역할을 해야 하는지를 구체적으로 확인하게 될 것이다.

투자·돈에 대한 태도

유은혜의 질문

"투자의 시대, 우리 학교는 '돈의 원리와 태도'를 제대로 가르치고 있는가?"

요즘 군에 입대하면 5퍼센트가 넘는 이자율로 적금에 가입할 수 있는데, 그 돈을 모아 다들 주식이나 코인에 투자해요. 투자의 시대니까요. 그런데 저는 우리 청년들이 그렇게 진짜 돈을 벌고 있는지 궁금해요. 자본시장이라는 게 권투처럼 체급별로 싸우는 게 아니고, 다들 하나의 링에 올라가 싸움을 하는 거잖아요. 우리 청년들이 그 링 위에서, 예를 들어 골드만삭스와 경쟁해야 하는데 이길 수 있을까?

우리가 학교에서 배울 수 있는 '돈'의 범위는 어디까지일까? 저는 늘 이 고민을 해요. 경제의 원리는 물론이고, 돈을 대하는 태도 그것이 곧 투자의 방법이라고 생각하거든요. 지금도 증시 투자자들이 수십 조 원을 대출받아 투자하거든요. 과연 그렇게 시장에서 이길 수 있을까. 돈의 속성을 잘 이해하지 못하고 '돈이 돈을 버는 투자의 링' 위로 올라가는 게 아닌지, 그렇다면 그것은 어디까지 학교의 몫일까.

편의점 아르바이트를 하면서 주휴 수당이나 국민연금을 잘 이해하지 못한 10대들도 많고요. 원룸이나 오피스텔을 구하면서 전세 사기를 당하는 피해자들도 대부분 청년 세대예요. 노동을 잘 모르고 고용되는 것 역시, 돈을 모르고 투자에 뛰어드는 것과 같잖아요. 돈이 범람하는 시장경제에서 학교는 무엇을 할 수 있을까요.

김원장 기자의 생각

돈에 대한 교육은 생각도 못했습니다. 워런 버핏이 처음 주식을 산 게 1942년이에요. 그때 11살이었어요. '시티서비스'라는 에너지 기업 주식을 샀는데, 38달러에 3주를 샀다가 27달러까지 떨어진 뒤에 40달러로 오르자 바로 팔았어요. 그 뒤에 '시티서비스' 주가는 200달러까지 올라가요. 후회를 많이 했을 거예요. 그런데 버핏은 그때 배운 것은 "주식을 사고파는 것이 아니라 무엇인가를 기다리는 것"이었다고 말합니다. 그러고 보니 우리 학교에서는 경제는 가르치면서 정작 '돈'을 가르치지는 않네요. 무엇을 가르치고 무엇을 배워야 할까요.

워런 버핏이 해마다 '오마하'라는 자신의 고향 시골마을에서 주주들을 초대해 투자설명회를 열어요. 예전에 그런 영상이 있었어요. 한 꼬마가 갑자기 "할아버지처럼 부자가 되려면 어떻게 해야 돼요?"라고 물었어요. 버핏은 이렇게 말해요. "아가, 남의 돈을 함부로 빌리지 마라." 그런데 우리는 돈을 쉽게 빌리죠. 예를 들어 카드사가 이달 갚아야 할 결제대금을 연기해주는 '리볼빙 서비스' 규모만 연간 7조 원이 넘어요. 카드를 쓰고 다음 달로 빚을 넘기는 거죠. 이자율은 15퍼센트를 넘어갑니다. 하지만 '카드 회사가 왜 내 카드 대금을 대신 갚아주는지' 그

구조를 이해하는 것은 쉽지 않아요.

돈을 이해하는 것, '금융 문해력'의 문제 같아요. 우리는 그런데 그 대부분을 학교 밖에서 배웁니다. 문제는 비용이 너무 높다는 거예요. 돈은 버는 것보다 지키는 것이 훨씬 힘들거든요. 운 좋게 돈을 버는 사람은 있어도 운 좋게 그것을 오래 지키는 사람은 없거든요. 거기서 가난한 사람과 부자가 나뉘는 것 같아요. 그것은 '돈에 대한 태도'로 결정된단 말이죠. 말씀하신 '돈에 대한 태도'가 한평생 그 사람의 인생에 너무 큰 영향을 미칩니다.

그래서 학교는 '돈보다, 돈에 대한 태도를 배우는 곳'이 돼야 한다고 생각해요. 우리는 누가 주식이나 코인으로 돈을 벌었다고 하면 너무 성급하게 자본시장에 뛰어듭니다. 예전에 온라인 주식커뮤니티에 '어제 산 주식 환불받을 수는 없는지?' 묻는 글이 올라와서 화제가 된 적이 있어요. 청년들이 얼마나 무방비로 자본시장에 뛰어드는지 알 수 있죠. 워런 버핏이 그런 말도 했어요. "야구는 스트라이크 셋이면 삼진아웃을 당하지만, 증시에서 좋은 기업은 계속 나에게 다가온다." 돈을 쫓지 마라는 거예요. 돈을 기다린다는 것은 무엇일까요. 예를 들어 어릴 적 한 달 3만원씩 꾸준히 예금하는 습관을 만드는 거죠. 그 돈을 기다리는 습관이 커서 돈을 버는 근육을 만듭니다. 그런 것을 어디서 배울 수 있을까.

핵심은 결국 '돈을 대하는 태도'인 거죠. 프로야구 레전드 타자 김태균 선수가 쓴 『타격에 관한 나의 생각들』이라는 책을 보면 이런 말이 나와요. 스트라이크가 아닌 볼을 쳐서 설령 안타를 칠 수 있어도, 치면 안 된다는 거예요. 우리 몸은 아주 작은 것도 기억하기 때문에, 설령 볼을 쳐서 안타를 만든다고 해도 그것이 나쁜 습관으로 이어질 수 있다는 거예요. 운 좋게 돈을 벌어도 오히려 다음에 큰돈을 잃을 수 있는 나쁜 행운인 거죠. 그렇게 만들어진 습관은 결국 언젠가 큰 비용을 치르게 됩니다. 대부분의 기성세대가 주식투자로 1000~2000만 원을 잃어본 적이 있거든요.

예를 들어 카드 연체 몇 번으로 신용등급이 떨어지면 '저신용자'가 됩니다. 금융생활이 어려워지고 그렇게 경제활동이 어려워지면 점점 사회로부터 격리됩니다. 은행 가계 대출 이용자는 주로 30~40대인데 정작 20대의 연체율이 제일 높거든요. 학교에서 신용, 다시 말해 크레딧Credit에 대해 배울 수 있다면, 그렇게 쉽게 카드 대출을 받을 수 있을까요? 시장경제에서 신용은 곧 돈이거든요. 대학생이 한번 '저신용자'가 될 경우 그 비용을 돈으로 환산하면 도대체 얼마일까요.

사람들에게 시간은 모두 공평하게 같은 속도로 흘러가지만, 우리가 갖고 있는 돈은 모두 제각각의 속도로 불어나거나 줄어듭니다. 그것을 어릴 적부터 깨달았으면 좋겠어요. "여우는 사소한 여러 가지 것을 알지만, 고슴도치는 중요한 한 가지를 안다"는 말이 있거든요. 우리는 그 중요한 것들을 너무 큰 비용을 들여 배웁니다. 그 핵심은 '돈을 대하는 태도'에 있다고 생각해요

우리 사회에서 임금은 계속 올라가는데 왜 청년들은 기성세대보다 자

꾸 더 가난해질까요. 일본도 그렇고요. 어쩌면 지금 청년들이 부를 쌓는 것이 기성세대보다 훨씬 어려운 것 같아요. 1990년대까지 '재형저축'이라는 게 있었어요. 근로자들에게 이자와 세제에 큰 혜택을 주는 저축 상품이었는데 높을 때는 이자율이 35퍼센트였어요. 그런데 지금 예금 금리는 2퍼센트 정도입니다. 우리 경제는 크게 성장했지만, 청년 세대가 저축해서 부를 쌓는 게 절대 쉬운 일이 아닙니다.

지난 20여 년 동안 두 번의 경제위기에서 그때마다 천문학적인 돈을 풀었어요. 우리나라도 흔히 시중 유동성이라 부르는 M2가 지난 10년 동안 두 배가 늘었어요. 시중에 유통되는 돈이 두 배가 늘어난 거예요. 그 돈의 대부분이 아직 중앙은행으로 돌아오지 않고 있는데, 은행의 돈이 시중으로 흘러 들어갈 때 결코 공평하게 돌아가지 않습니다. 신용이 좋고 금융거래를 오래한 사람, 다시 말해 기성세대가 그 돈의 대부분을 가져갑니다. 그 돈이 자산 시장으로 가서 거대한 부를 또 만들어냅니다. 그렇게 격차가 벌어지는 거죠. 그래서 저는 돈에 대한 태도를 배운다는 것은 곧 '미래의 불평등'을 줄이는 과정이라고 생각해요.

숙련이 사라진 고용 시장 맞은편에 이제 거대한 자본시장이 자리를 잡았어요. 정말 거대합니다. 자본이 계속 자라서 이제 돈이 돈을 버는 시대가 됐습니다. 지난해 우리 국민연금의 기금 운용수익률이 15퍼센트나 되거든요, 국민연금이 1200조 원을 굴리니까 지난해 무려 160조 원을 벌었어요. 같은 해 우리 최대 기업 삼성전자의 영업이익이 32조 원인데, 국민연금은 그냥 돈을 굴려서 160조 원을 벌었거든요. 반도체나 스마트폰을 만들지도 않는, 그저 돈으로 돈을 굴리는 국민연금이 훨씬 더 많은 돈을 벌어요. 그렇게 자본시장은 빠르게 커지면서, 오히려 청년들은 그 시장에서 열심히 일한 돈을 뺏기고 있는 것은 아닌가. 그러니까 우리 아이들에게 '내 돈을 지키는 법'을 가르치는 것은 사실 '미래의 불평등'을 줄이는 과정인 거예요.

세금과 공동체

유은혜의 질문

"학교는 아이들에게 세금을 '공동체를 유지하기 위한 시민의 윤리적 의무'로 이해하도록 어떻게 가르칠 수 있을까?"

돈을 벌고 경제활동 인구에 속하게 되면 누구나 세금을 내야 합니다. '우리 사회가 운영되는 비용'을 함께 부담해야 하는데요. 학교는 그것을 어떻게 아이들에게 가르칠 수 있을까요? 지금 우리 사회에서 세금은 그냥 '피하고 싶은 존재'처럼 부정적인 것이 됐거든요.

'세금'이 '우리 공동체를 운영하기 위해 필요한 재원'이며, 그것을 부담하는 것이 모두를 위한 것이라는 인식을 어떻게 하면 쉽게 깨우칠 수 있을까. 저는 세금이 단순히 경제학의 영역이 아니고, 사회학이며 정치학, 그 이전에 윤리학이라고 생각해요. 그런데 우리는 그것을 세금이라는 제도로 가르치고 숫자로 설명해온 게 아닐까요.

'국가가 나와 가족을 보호해야 하는 의무를 갖고 있고, 이를 유지하기 위해 시민이 세금을 내기로 한 사회계약'은 지금 우리 교실에서 크게 중요하지 않아요. 사회계약은 '개인의 자유와 권리를 지키기 위해, 시민은 공동체에 일정한 의무를 진다'는 것인데, 그 의무의 신성함을 제대로 배울 기회는 거의 없습니다. 그래서 우리 학교 시험에는 '다음 중 지방세가 아닌 것은?' 같은 문제만 나오는 게 아닌지 싶습니다.

김원장 기자의 생각

인류를 오늘까지 발전시킨 수많은 발명이 있어요. 로마문자에서 수레바퀴, 백신과 인터넷의 발견만큼 저는 자본주의를 지킨 발명품이 '누진세'라고 생각해요. '돈을 더 많이 번 사람이 더 많이 세금을 내야 한다'는 생각이 제도에 도입된 것은 겨우 100년쯤 됐어요. 하지만 그렇게 도입된 '조세 재분배'를 통해 시장경제는 필연적인 격차를 줄여왔습니다. 시장경제가 필연적으로 무너질 것이라는 마르크스의 예측은 그렇게 빗나갔습니다.

시장경제는 그렇게 소득세율을 올리고 연금을 도입하고 건강보험제도를 보완해 사회 안전망을 강화해왔습니다. 누군가 뒤처지지 않게 하기 위한 수많은 장치를 만들었어요. 그것은 온정주의나 동포애에서 나왔을까? 아니에요. 다 함께 잘사는 사회가 곧 나에게 이롭다는 사회적 이해에서 나온 거예요. 돈을 많이 벌수록 더 많이 부담하자는 합의는 모두에게 더 많은 부를 안겨줬습니다. 마르크스의 공산주의는 그렇게 자신의 신념을 믿은 사람들의 경제는 망쳤지만, 반대편 진영을 더 인간적인 사회로 만드는 데 크게 기여했어요. 1970년대 초 미국의 소득세 최고 세율은 무려 70퍼센트였습니다. 학교가 아이들에게 세금을 가르치려면 이런 윤리적·사회적·철학적 기초를 먼저 알려줘야 합니다. 그 다음이 경제인 거죠.

유독 경쟁이 심한 우리 사회에서 사람들은 누군가에게 유리한 환경을 조성하면 곧 내가 불리해진다고 믿습니다. 같은 반 친구의 수능 점수가 올라가면 그만큼 내 성적이 불리해집니다. 그런데 경제는 그렇지 않아요. 누군가 뒤처진 기업이나 사람이 있으면 다시 시장경제라는 링 위로 올라올 수 있도록 밀어줘야 합니다. 그렇게 다시 링에 올라온 사람은 다시 경제활동을 하고, 그렇게 번 돈으로 언젠가 내가 운영하는 설렁탕집을 찾을 수도 있습니다. 세금은 그 마중물 역할을 하는 거예요. 그래야 세금은 나쁜 것이 아니고, 모두를 잘살게 하는 도구라는 사실을 마음으로 이해할 것 같아요. 세금은 '모두가 함께 잘사는 세상을 만드는 데 참여하는 비용'입니다.

선진국에서도 세금은 피하고 싶은 존재죠. 아인슈타인 같은 천재도 "세상에서 가장 이해하기 힘든 것이 소득세"라고 했어요. 하지만 미국은 학교에서 세금을 많이 내는 것을 또 자랑스러운 것으로 가르칩니다. 마을에 학교가 새로 들어서거나 증축해서 재정이 들어가면, 자치단체는 마을 집주인들의 재산세에 그 비용을 더해서 세금을 부과합니다. 그렇게 누구누구의 아버지가 세금을 많이 내고 그래서 이 학교와 마을이 운영된다는 것을 자연스럽게 배웁니다. 반면 우리는 백화점마다 보란 듯이 '절세 강의'가 있죠. 절세와 탈세 사이에서 어떻게든 세금을 적게 내는 방법을 공공연하게 가르칩니다. 세금을 다 내면 바보라는 사회적 인식도 적지 않습니다. 그래서 자꾸 탈세에 대한 처벌만 강화됩니다. 그 이유가 뭘까요? 말씀하신 것처럼 세금을 경제와 숫자로 가르쳤기 때문이 아닌가 싶어요. 세금은 같은 반 친구가 어려울 때 우리가 조금씩 돈을 모으는 것과 하나도 다르지 않습니다. 그러니까 사회 공동체가 어떤 계약을 왜 하는지, 그리고 이를 위해 인류가 얼마나 많은 갈등을 겪고 비용을 지급했는지 알려줘야 할 것 같아요. 그것이 어른이 됐을 때, 겪는 사회적 갈등을 줄이는 지름길이고요.

Q3. 자람 I　생애 주기 금융 리터러시

유은혜의 질문

"어린 시절의 실물 거래부터 중·고등학교의 가상 투자 체험까지, 생애 주기별로 돈과 신용의 책임을 배우도록 하는 금융 교육을 학교에 어떻게 설계할 수 있을까?"

저는 생애 주기별 교육을 생각해보는데요, 저 어릴 적에는 여중, 여고에서 '가정'수업 시간에 뜨개질이나 심지어 옷을 만드는 법도 배웠어요. 시대가 바뀌었어요. '돈과 신용'에 대한 교육은 늦어도 많이 늦은 거죠. 미국은 기본적인 금융 상식Financial Literacy은 물론 중고등학교 과정에서는 개인 금융Personal Finance 수업까지 이미 도입돼 있어요. 초등학교에서 돈을 직접 거래하고 은행에 예금해보는 것부터 시작하는 거죠. 어릴 적부터 '돈을 빌리고 갚는 책임'에 대해서, 그리고 돈이 모이는 과정을 경험하고 배워요. '부는 성실함과 기다림으로 쌓아가는 것'이라고 믿는 거예요. 중등과정에서는 직접 가상의 투자를 해보는 거죠. 영국에서는 예를 들어 'MoneySense'라는 교육 프로그램이 있어요. 직접 은행 계좌를 만들거나 가상의 주식투자를 해요. 그렇게 한 달쯤 지나면 투자한 주식의 주가를 서로 비교해보고 무엇이 그 차이를 가져왔는지 살펴보는 거예요. 나의 선택에 따라 돈이 어떻게 변하는지 인식하고, 그 결과를 책임지는 것을 익힙니다. 돈에 대한 생각과 교육이 생애 전반으로 이어질 수 있는 교육 환경을 만들 때입니다.

김원장 기자의 생각

이제 우리 교육 환경이 언제 어디서 무엇을 배우는 공간과 시간의 개념을 넘어서, 배우고 또 일하고 또 배우는 삶의 터전이 돼야 한다고 가정하면, 학교가 '돈의 지도'에 대해서 가르치는 것은 선택의 문제가 아닌 것 같아요. 학교 밖에서 그것을 배울 수 있지만 그것은 너무 큰 비용을 요구하고, 또 그 결과의 격차가 너무 크잖아요.

모 신문사에서 국장을 역임한 대학 선배는 최근에 공인중개사 공부를 시작했어요. 우리는 태어나서 20여 년을 준비해 30년 정도 사회생활을 했어요. 과거에는 그렇게 50대에 은퇴를 했는데, 지금은 그 후에 또 30년의 인생을 영위해야 합니다. 그런데 아무런 준비 없이 은퇴하는 사람들이 대부분입니다. 남은 30년을 준비하기 위해 학교는 무엇을 할 수 있을까. 실제 베이비붐 세대가 은퇴하면서 증권사마다 은퇴 자금을 관리하는 상품이 쏟아지고, 백화점 문화센터나 아파트 단지 커뮤니티에도 요즘은 온통 '은퇴와 투자' 클래스 열풍입니다. 만약 어릴 적부터 '돈을 대하는 습관과 태도'를 몸에 익혔다면 세월이 흘러 장년층이 돼도 내 돈을 지키기 훨씬 쉬울 거예요.

'돈을 이해하는 것'은 나아가 경제적 사고력을 가진 시민의 역량을 기르는 거예요. 저는 그게 사회의 여러 문제를 이성적으로 이해하고 요구할 수 있는 민주적 시민의 한 덕목이라고 봐요. 단순히 '돈 버는 기술'이 아니라, '돈의 기능과 역할을 배우고 이를 이용하는 법'을 배우는 거죠. 세금과 재정, 복지 모두 다 돈이잖아요. 그것을 이해해야 '세금은 어쩔 수 없이 내야 하는 부담이 아니라, 비정한 사회를 넘어서는 위대하고 평범한 도구'라는 것을 알 수 있습니다. 그래야 '휠체어가 갈 수 있어야 유아차도 갈 수 있다'는 것을 알 수 있어요. 그래야 '기업이 이윤을 쫓는 것만 당연한 것이 아니라, 노동자가 더 나은 근로조건을 요구하는 것도 당연한 것'이라는 것을 알게 됩니다. 그렇게 균일하게 뛰어난 역량을 갖춘 시민들을 지속적으로 길러내는 힘이 곧 우리 교육이 가야 할 방향이라고 생각해요.

자본시장에 '당신은 아무것도 하지 않고 있지만 사실은 무엇인가를 선택한 것이다'라는 말이 있어요. 돈이 범람하는 인플레이션 시대에 학교와 교육계가 자꾸 경제교육을 미룬다면, 누군가의 돈이 누군가에게 정당한 보상 없이 이전되는 것을 방치하는 일이라는 생각이 들어요. 돈은 학문 속에 존재하는 추상적 관념이 아니거든요. 저는 학교에서 자전거 수리법을 가르쳐야 한다고 생각하는데요. 같은 맥락으로 생각해요. 인생을 잘 달리려면 돈을 알아야 해요. 학교가 그 역할을 하면 좋겠습니다.

소비·저축·보험

유은혜의 질문

**"미래의 위험에 대비하면서도 오늘을 누리려면,
우리는 '현재의 돈'과 '미래의 돈'을 어떻게 구분해
얼마를 소비하고 얼마를 저축·보험으로 남겨두어야 할까?"**

돈을 '모으는 법'도 중요하지만 이제는 '잘 쓰는 법'이 진짜 시험대입니다. 급여가 들어오면 우리는 두 길—오늘의 행복과 미래의 안전—을 동시에 마주합니다. 이 둘이 균형을 잃으면 저축은 고통이 되고 과도한 소비는 미래를 좀먹습니다.

삶 곳곳엔 질병·실직·기후재난 같은 예측 불가의 위험이 숨어 있습니다. 보험·긴급자금·목표 저축으로 '미래의 돈'을 먼저 떼어두되, 핵심은 '얼마'보다 '언제·무엇을 위해'입니다. 예컨대 3개월치 생활비는 '지금 필요한 미래'이고 10년 뒤 전세금은 '장기 미래'입니다.

그렇다면 '현재의 돈'은? 신용카드·할부까지 포함할지, 순이자 발생 부채를 남기지 않는 선에서 쓸 지부터 결정해야 할 텐데요, 이런 명확한 기준을 갖고 소비가 '충동'이 아니라 '설계'가 되려면 어떤 배움이 필요할까요?

김원장 기자의 생각

너무 좋은 질문입니다. 돈을 모으는 것보다 더 힘든 게 '돈을 잘 쓰는 것'입니다. 특히 우리 국민이 잘 못하는 것이고요. 돈을 어떻게 하면 행복하게 쓸 수 있을까. 진짜 금융교육이 가야 할 마지막 종착지입니다. 돈은 목표가 아니고 도구잖아요. 아이들이 '돈을 모으는 것이 인생의 목표가 아니고 행복을 만들기 위한 도구'라는 것을 알아야 할 텐데요. 그런데 사실 기성세대도 모두 이것을 잊고 삽니다.

돈은 쓰지 않기 위해 모으는 것이 아니고, 더 잘 쓰기 위해 아끼는 겁니다. 진짜 가치 있는 것을 위해 소비하는 시간을 미루는 겁니다. 그것을 저축이라고 해요. 이것을 이해하면 '절약'이 포기가 아니고 '선택'이라는 사실도 알게 될 겁니다. 그렇게 진짜 부자는 돈이 많은 사람이 아니고, 행복하게 돈을 쓸 줄 아는 사람이라는 것을 깨우칠 수 있다면, 그 경제교육은 완성된 것이라고 생각해요. 돈을 아낀다는 것은 뭘까요? '이자'라는 것은 미래로 소비를 미룬 대가를 말하는데요. 저는 그것이 '돈의 씨앗을 미래에 다가올 나의 행복의 밭에 뿌리는 것'이라고 말합니다. 그런데 그냥 놔두면 돈은 절대 자라지 않아요. 썩을 수도 있습니다. 그 씨앗을 잘 파종해야 합니다. 그렇게 소비를 미룬 돈은 언젠가 미래에 나를 도와주는 친구가 된다는 것을 아이들에게 쉽게 설명해야 합니다. 보험도 마찬가지예요. '하로동선夏爐冬扇'이라는 사자성어를 좋아하는데요. 여름의 난로, 겨울의 부채는 정말 쓸모가 없어요. 하지만 계절이 바뀌면 너무 소중한 존재가 됩니다. 그러니 '보험은 지금의 행복을 줄이는 것이 아니라 나중의 걱정을 줄이는 돈'입니다. 나중의 걱정을 줄일 수 있다면 아이들은 행복하게 지금의 소비를 아낄 수 있을 겁니다.

주머니에 100만 원이 있습니다. 경제학은 그중 얼마를 쓰고 얼마를 아껴야 하는지 설명하지 못합니다. 오직 우리가 가늠할 수 있는 것은 그 소비나 저축이 '나에게 얼마나 행복을 줄 것인가' '누군가를 얼마나 도울 수 있는 것인가' '미래의 내 걱정을 얼마나 덜어줄 것인가' 정도입니다. 그러니 돈을 쓰는 방법을 알려면 나의 행복을 가늠하고, 타인의 어려움을 공감하고, 미래의 위험을 미리 예측하는 사람을 만들어야 합니다. 그것이 학교가 돈에 대해 가르칠 수 있는 최고의 교육이라고 생각해요.

신용과 책임

유은혜의 질문

"학교는 청소년들에게, 보이지 않는 신용 등급이 평생의 경제·사회적 기회를 좌우하는 '주홍글씨'임을 어떻게 효과적으로 가르칠 수 있을까?"

경제활동을 하는 우리는 모두 이마에 자신의 신용등급을 붙이고 삽니다. 1에서 10등급까지, 다만 보이지 않을 뿐이죠. 그중 6등급 이하의 저신용자는 경제활동을 할 때 그 신용등급이 주홍글씨처럼 따라다닙니다. 인생에서 중요한 숫자인데, 사실 신경 쓰는 사람은 많지 않아요. 아이들에게 신용의 소중함과 신용의 무서움을 어떻게 가르칠 수 있을까요?

김원장 기자의 생각

예를 들어 누군가 신용카드를 실수로 잃어버렸어요. 그래서 신용카드를 정지시켰는데, 그랬더니 그 신용카드로 자동이체를 해놓은 휴대전화 요금이 결제가 안 된 거예요. 그럼 신용 점수가 떨어집니다. 그러다 90일 이상 연체가 되면 신용 점수가 뚝뚝 떨어집니다. 흔히들 직장을 갖고 대출 연체 기록이 없으면 은행에서 대출을 쉽게 받을 수 있다고 생각해요. 은행은 내가 돈을 빌려서 차곡차곡 갚아나간 그 '경험'을 중시합니다. 그러니 통장 기록이 깨끗한 사회 초년병은 돈을 빌리기도 쉽지 않아요.

여기서 '차곡차곡'이 중요해요. 신용을 평가하는 기준은 소득이나 직장의 재직 여부, 금융거래 이력 등으로 설계돼 있습니다. 하지만 좋은 직장이 자꾸 사라지고 고용이 불안해지면서 최근엔 청년들이 '신용을 쌓을 기회'조차 갖기 어렵습니다. '차곡차곡' 신용을 쌓아가고 싶어도 그 기회가 줄어들고, 그러다 신용 등급이 7등급 이하로 떨어지면 카드사는 이제 카드론조차 해주지 않습니다. 그렇게 저신용자가 된 청년 10명 중 1명은 결국 대부업체를 찾아갑니다. 불법 사금융에 발을 들여놓게 되는거죠.

그럼 우리 아이들에게 어떻게 하면 일찍부터 신용의 중요성을 깨닫게 할 수 있을까. 저는 그것이 결국 친구들과 쌓는 신뢰의 점수 같은 것이라고 생각해요. '차곡차곡' 약속을 지키는 것이 결국 차곡차곡 신용을 쌓아가는 자세를 만듭니다. 아이들에게 돈에 대한 계획을 만들어 그것을 차곡차곡 지키면 그 혜택이 돈으로 돌아온다는 사실을 깨우쳐줘야 합니다. 그것은 친구에게 신뢰를 쌓는 것과 하나도 다르지 않습니다. 이미 학교에서 이뤄지고 있는 적금 통장이 그 좋은 사례죠.

미국의 초등학교들은 레모네이드의 날이라는 행사를 하곤 해요. 아이들이 직접 레모네이드를 만들어 가판대에서 판매합니다. 그것을 얼마에 팔고 어떻게 해야 많이 팔리며 그렇게 번 돈을 어떻게 나눌 것인지 경험하는 거예요. 그렇게 경제적인 생각이 자라는 거죠. 그중 저는 제일 중요한 게 경제와 시간의 관계를 이해하는 것 같아요. 앞서 말씀드린 것처럼 돈은 모두에게 같은 시간으로 자라거나 사라지지 않거든요. 이건 정말 무서운 거예요.
아이가 무엇인가를 사고 싶어하고 어머니에게 그 돈을 '차곡차곡' 정기적으로 모으겠다는 약속을 한다고 가정해보죠. '엄마와의 약속을 지키는 것이 신용을 높이는 것이며, 그것이 곧 나에게 혜택으로 돌아오는 경제적 선택'이라는 것을 이해하게 됩니다. 그렇게 모은 돈이 얼마나 빨리 자라는지도 알게 해줘야 합니다. 말씀하신 것처럼 '부는 성실함과 기다림으로 쌓아가는 것'입니다. 흔히 복리의 효과라고 하잖아요. 꾸준히 저축하면 점점 돈이 불어나는 속도가 빨라진다는 것을 배우는 거죠. 그럼 쓰는 즐거움보다 모으는 즐거움이 어떤 것인지도 알 수 있으니까요. 해마다 7.2퍼센트씩 늘어나면 10년 뒤 원금이 두 배가 되거든요. 복리는 반대로도 작용하니까요. 돈을 잃는 속도도 그만큼 빨라져요. 예를 들어 경마장은 환급율이 73퍼센트예요. 한 번 돈을 걸면 평균적으로 내가 베팅한 돈의 73퍼센트가 남는 거죠. 베팅에 100만 원을 걸었다면 평균적으로 73만 원이 남는 거예요. 그런데 과천 경마장에 가면 하루에 경마가 14번 정도 열립니다. 그렇게 매번 73퍼센트가 남으면 마지막 14번의 경주가 끝났을 때 내 손에는 평균 1만2200원만 남게 됩니다. 원금의 98.8퍼센트가 사라진 거예요. 결국 '부의 성실함'을 알지 못하면 '돈이 주는 혜택을 가져갈 수 없다'는 것을 이해하는 것이 학교 경제교육의 핵심인 것 같아요.

유은혜의 질문

"지속 가능한 사회를 위해 교실이 '타인을 이해하고 함께하는 시민'을 길러내려면, 우리는 어떤 변화부터 시작해야 할까?"

교육계는 사회를 지속 가능하게 만드는 여러 가치, 예를 들어 기후변화에 대비하는 자세나 기업의 ESG를 이해하고, 또 사회적 혐오나 차별을 줄여야 하는 어려운 과제도 안고 있습니다. 경제학에서 누군가를 돕는 것이 나의 이익을 위한 것이라고 설명해주셨는데, 하지만 교과서 속에 있는 지속 가능한 사회는 유독 나와는 멀게 느껴집니다. 그것은 '나와 타인을 이해하는 교실'을 만들어야 한다는 과제로 연결됩니다. 우리 교실에서 지금 가장 부족한 부분이라는 생각이 듭니다. '타인에 대한 이해'의 결핍이 결국 수많은 사회 갈등의 출발점이거든요. 누군가를 이해하고 함께하는 사람을 만들어가는 교실, 지속 가능한 사회를 만들기 위한 교실의 변화는 여기서부터 시작해야 하는 것 같아요.

김원장 기자의 생각

이런 주제들에 대해서도 우리는 늘 이론 중심이었던 것 같아요. 학생들은 이미 '엘리뇨 현상'에 대해 잘 이해하고 있고, '파리기후변화협약'

과 관련된 시험문제를 너무 잘 풀어요. 하지만 그것이 곧 우리 삶이라는 것을 체감하는 친구는 많지 않은 것 같아요. 일단 우리 아이들은 다른 나라 아이들처럼 강변에 나가 오염으로 죽은 물고기를 볼 수 있는 기회가 거의 없습니다. 그래서 매일 물티슈를 써도 그것을 불편해하지 않는 거죠. 탄소중립을 단순히 '지구의 체온을 지키는 일'이라고 가르치는 것은 어렵지 않습니다. 하지만 우리가 타인과 연결돼 있고, 우리의 행동이 지구촌 곳곳의 누군가에게 좋은 영향 또는 나쁜 영향을 미친다는 것을 학교에서 깨달았으면 좋겠습니다. 그러면 어느 날 물티슈를 지나치게 많이 쓰는 자신을 바라보게 될 겁니다. 그것은 엘리뇨 현상을 학문적으로 이해하는 것과 다른 것입니다. 착한 소비나 착한 투자 역시 마찬가지입니다. 그렇게 우리가 착한 경제적 결정을 하는 것이 궁극적으로 나에게 혜택을 준다는 것을 이해할 수 있어야 합니다. 그렇지 않으면 착한 소비나 착한 투자는 교과서에만 머물 겁니다. 그렇게 배운 ESG는 주식투자를 할 때 하나의 수익 조건에 불과할 거예요. 하지만 우리가 모두 연결돼 있다는 것을 이해하고 자란 아이는 설령 한 기업의 CEO가 돼도 ESG 투자를 비용으로만 인식하지는 않을 겁니다.

그렇게 탄소중립이나 ESG, 착한 소비는 모두 연결돼 있습니다. 타자의 생명을 존중하는 것이 곧 세상을 바꾸는 행동이며, 그것이 곧 나와 우리를 이롭게 한다는 것을 학교는 설명할 수 있어야 합니다. 동물실험에 이용된 강아지의 생명을 슬퍼하는 마음과 그것을 환경과 윤리 철학 이론으로 이해하고 생활에 실천하는 융합적인 교육이 반드시 필요합니다. 그래야 착한 소비와 도덕적인 투자는 책을 떠나 그 학생의 삶의 일부분이 될 수 있을 겁니다.

숨 쉬는 학교
다시 빛날 우리 교육

초판인쇄 2026년 1월 8일
초판발행 2026년 1월 15일

지은이 유은혜
펴낸이 강성민 이은혜
마케팅 정민호 박치우 한민아 이민경 박진희 황승현 김경언
브랜딩 함유지 박민재 이송이 박다솔 조다현 김하연 이준희
제작 강신은 김동욱 이순호

펴낸곳 (주)글항아리 | **출판등록** 2009년 1월 19일 제406-2009-000002호

주소 경기도 파주시 문발로 214-12, 4층
전자우편 bookpot@hanmail.net
전화번호 031-955-2689(마케팅) 031-941-5161(편집부)
팩스 031-941-5163

ISBN 979-11-6909-470-2 03370

잘못된 책은 구입하신 서점에서 교환해드립니다.
기타 교환 문의 031-955-2661, 3580

www.geulhangari.com